PONS

Verbtabellen Russisch

von
Renate und Nikolai Babiel

Ernst Klett Verlag
Stuttgart · Düsseldorf · Leipzig

PONS Verbtabellen Russisch

von Renate und Nikolai Babiel

1. Auflage A 1 4 3 2 | 2001 2000 1999

Internetadresse: http://www.pons.de

Redaktion: Regina Reinboth-Kämpf
Einbandgestaltung: Erwin Poell, Heidelberg;
Ilona Arfaoui, Stuttgart
Layout/Satz: Angelika Völker, Fotosatz Kaufmann, Stuttgart
Druck: Druckerei zu Altenburg
Printed in Germany.
ISBN 3-12-560984-4

Inhalt

So benutzen Sie dieses Buch 4
Grammatikbegriffe in der Übersicht 6
Wissenswertes zur Konjugation der russischen Verben 7
Konjugationstabellen der 200 wichtigsten Verben 11
Alphabetische Verbliste mit Angaben zur Rektion 111

Verwendete Abkürzungen

adj	hauptsächlich als Adjektiv verwendet
AP	Adverbialpartizip
best	bestimmt
etw	etwas
itr	intransitiv
P	Partizip
tr	transitiv
umg	umgangssprachlich
unbest	unbestimmt

So benutzen Sie dieses Buch

Sie wollen die Konjugation der häufigsten russischen Verben erlernen oder wiederholen und sich einen umfassenden Überblick über die von einem Verb abgeleiteten Formen verschaffen. Dabei möchten Sie auf Besonderheiten und Unregelmäßigkeiten aufmerksam gemacht werden.

Die PONS Verbtabellen Russisch bieten Ihnen die 200 wichtigsten Verben in übersichtlicher Darstellung. Bei der Auswahl der Verben haben wir uns an Lehrbüchern für Anfänger orientiert und sowohl gebräuchliche als auch schwierige Verben aufgenommen.

Die Konjugationsmuster zeigen Ihnen alle tatsächlich verwendeten Formen auf einen Blick – auf seltene Alternativbildungen wurde zwecks besserer Verständlichkeit verzichtet. Zusätzlich ist zu jedem Verb der Aspektpartner angegeben. Besonderheiten und Bildungen, die vom Infinitiv abweichen, sind durch farbliche Hervorhebung schnell zu erkennen und leicht zu merken.

Aufbau der Konjugationstabellen

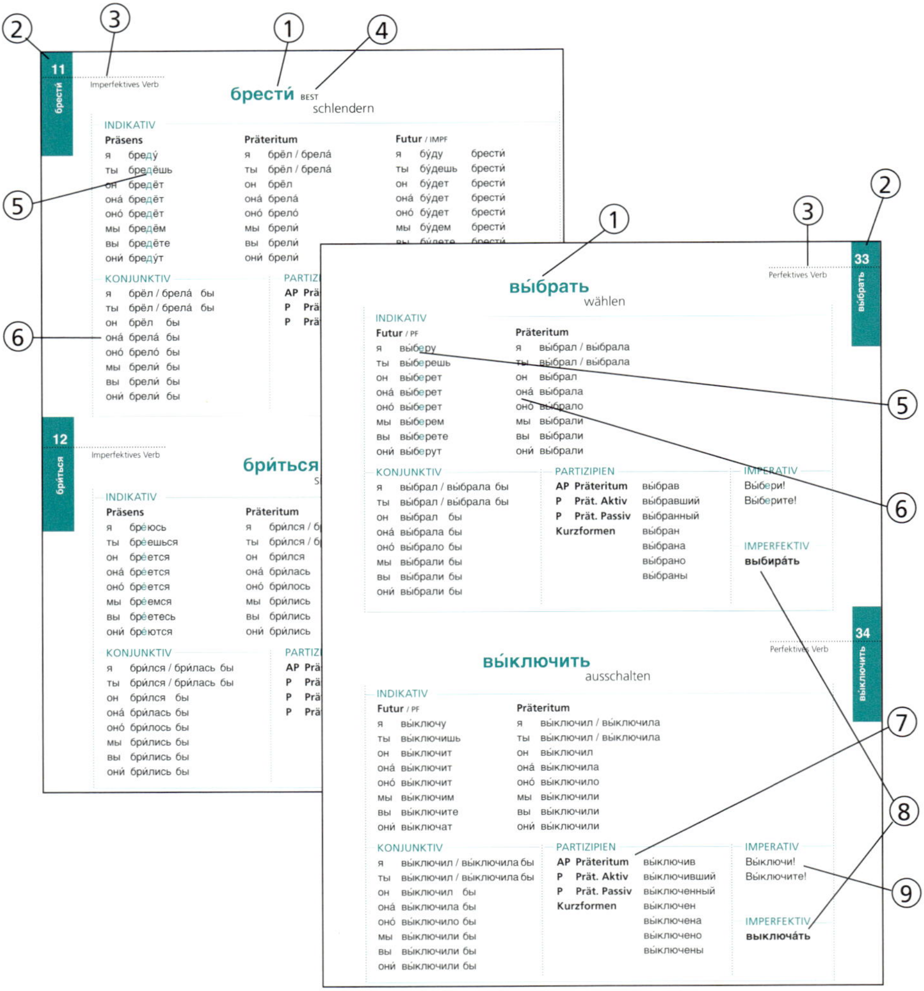

① **Verb mit Übersetzung:** Übersetzungen von sinnverwandten Bedeutungen werden durch ein Komma, starke Bedeutungsdifferenzierungen durch ein Semikolon getrennt. Sollten unterschiedliche Bedeutungen ihre spezifischen Aspektpartner haben, so sind diese durch Zahlen gekennzeichnet.

② **Verbnummer:** Mit Hilfe dieser Nummer lassen sich ebenfalls im Buch ausführlich konjugierte Aspektpartner rasch auffinden.

③ **Aspekt:** Weist darauf hin, zu welchem der beiden russischen Verbalaspekten das Verb gehört:

perfektiver (vollendeter) Aspekt

imperfektiver (unvollendeter) Aspekt

④ **Bewegungsart:** Bei den Verben der Fortbewegung ist angegeben, ob das jeweilige Verb eine zielgerichtete oder nicht zielgerichtete Bewegung zum Ausdruck bringt:

zielgerichtete Bewegung: bestimmtes Verb (best)

nicht zielgerichtete Bewegung: unbestimmtes Verb (unbest)

⑤ **Farbliche Hervorhebung:** Alle Formen, die vom Infinitiv abweichen, sind grün hervorgehoben.

⑥ **Angabe aller Genusformen:** In allen Zeiten ist in der 3. Person Singular stets die maskuline, die feminine und die neutrale Form (**он**, **онà**, **онò**) angeführt. Im Präteritum und Konjunktiv ist in der 1. und 2. Person Singular zusätzlich zur maskulinen die feminine Form angegeben.

⑦ **Partizipien einschließlich Kurzformen:** Perfektive und imperfektive Verben bilden Partizipien unterschiedlicher Zeit- und Modusformen. Die vom Partizip Präteritum Passiv abgeleiteten Kurzformen sind in allen drei Genusformen sowie im Plural angegeben. Mit adj markierte Partizipien im Präteritum Passiv werden hauptsächlich als Adjektive verwendet und schreiben sich mit einem **н**.

⑧ **Aspektpartner:** Hier finden Sie die wichtigsten Aspektpartner. Handelt es sich beim Aspektpartner um ein in diesem Buch enthaltenes Verb, wird direkt auf die entsprechende Verbnummer verwiesen. Die Trennung durch Komma, Semikolon bzw. Zahlen wie in Punkt 1.

⑨ **Imperativformen:** Sie werden sowohl im Singular als auch im Plural angegeben.

Möchten Sie gezielt ein Verb nachschlagen, führt Sie die **alphabetische Verbliste** im Anhang schnell zur richtigen Stelle. Bei Verben, deren Rektion für deutschsprachige Russischlernende besonders schwierig ist, finden Sie zudem Hinweise, in welchem Fall das Substantiv stehen muss. So werden die **PONS Verbtabellen Russisch** zu Ihrem wertvollen Begleiter beim Erlernen der russischen Sprache.

Übrigens: Die Seiten 7–10 bieten Ihnen zusätzlich einige allgemeine Faustregeln zur Unterscheidung und Bildung von Aspektformen sowie zu den Verben der Fortbewegung.

Grammatikbegriffe in der Übersicht

Russisch	*Lateinische Bezeichnung*	*Deutsch*
имя прилагательное	Adjektiv	Eigenschaftswort
деепричастие	Adverbialpartizip	
женского рода	feminin	weiblich
будущее время	Futur	Zukunft
род	Genus	Geschlecht
повелительное наклонение	Imperativ	Befehlsform
несовершенный (вид)	imperfektiv (Aspekt)	unvollendet (Aspekt)
изъявительное наклонение	Indikativ	Wirklichkeitsform
неопределенная форма глагола	Infinitiv	Grundform des Zeitworts
непереходный (глагол)	intransitiv	nicht mit Akkusativobjekt verwendbar
спряжение	Konjugation	Beugung des Zeitworts
условное наклонение	Konjunktiv	Möglichkeitsform
мужского рода	maskulin	männlich
наклонение	Modus	Aussageweise
среднего рода	neutral	sächlich
причастие	Partizip	Mittelwort
совершенный (вид)	perfektiv (Aspekt)	vollendet (Aspekt)
множественное число	Plural	Mehrzahl
настоящее время	Präsens	Gegenwart
прошедшее время	Präteritum	unvollendete Vergangenheit
управление	Rektion	Rektion
единственное число	Singular	Einzahl
имя существительное	Substantiv	Hauptwort
время глагола	Tempus	Zeitform
переходный (глагол)	transitiv	mit Akkusativobjekt verwendbar
глагол	Verb	Zeitwort
глагол определённого движения	determiniertes Verb	bestimmtes Verb
глагол неопределённого движения	indeterminiertes Verb	unbestimmtes Verb

Wissenswertes zur Konjugation der russischen Verben

Aspekte im Russischen

Die scheinbare Undifferentziertheit des russischen Verbalsystems wird ausgeglichen durch eine Besonderheit des Russischen: die Aspekte. Fast jedes russische Verb tritt in zwei verschiedenen Formen auf: dem perfektiven (vollendeten) und dem imperfektiven (unvollendeten) Aspekt. Das bedeutet, dass einem deutschen Verb wie z. B. „sehen" zwei russische Verben entsprechen: **ви́деть** (imperfektiv) und **уви́деть** (perfektiv). Die Anwendung dieser beiden verschiedenen Formen ist situationsabhängig und die Kunst besteht darin, in der jeweiligen Situation den richtigen Aspekt auszuwählen, denn leider sind die beiden Formen in den seltensten Fällen gleichermaßen verwendbar.
Das Aspektsystem birgt eine Fülle von differenzierten Ausdrucksmöglichkeiten für die verschiedensten Sachverhalte in sich. Grob unterschieden werden die Aspekte durch folgende Unterteilung:

- Der imperfektive Aspekt bezeichnet eine nicht abgeschlossene Handlung in ihrem Ablauf, in ihrer Dauer oder ihrer Wiederholung sowie eine ständige Eigenschaft, einen Zustand des Subjekts. Mit den folgenden Adverbialbestimmungen steht in der Regel der imperfektive Aspekt:

ка́ждый день	**обы́чно**	**еженеде́льно**
ка́ждый год	**ча́сто**	**це́лыми дня́ми**
ка́ждый час	**всегда́**	**всё лу́чше и лу́чше**
ка́ждую мину́ту	**ежедне́вно**	

  Der imperfektive Aspekt bildet alle drei Zeitstufen: Präsens, Präteritum und Futur.

- Der perfektive Aspekt bezeichnet eine abgeschlossene, zeitlich begrenzte Handlung, unabhängig davon, ob es sich um ihren Beginn oder ihren Abschluss handelt, eine einmalige Handlung, die ein bestimmtes Ergebnis hat. Mit folgenden Adverbialbestimmungen steht in der Regel der perfektive Aspekt:

вдруг	**внеза́пно**	**впервы́е**	**в одну́ мину́ту**
неожи́данно	**случа́йно**	**момента́льно**	**сейча́с же**

  Der perfektive Aspekt bildet nur Präteritum und Futur, eine gegenwärtige Handlung kann durch ihn nicht zum Ausdruck gebracht werden.

Bildung der Aspekte

- Die meisten Verben ohne Präfigierung gehören dem imperfektiven Aspekt an. Durch Voranstellung eines Präfix werden diese Verben perfektiv, gleichzeitig tritt häufig eine Bedeutungsveränderung ein:

imperfektiver Aspekt	perfektiver Aspekt	Deutsch:
кури́ть – rauchen	**вы́курить**	zu Ende rauchen
	закури́ть	sich eine Zigarette anzünden
	накури́ть	voll qualmen
	перекури́ть	eine Rauchpause einlegen

покури́ть	eine gewisse Zeit mit Rauchen verbringen
прикури́ть	sich an der Zigarette eines anderen eine Zigarette anzünden

- Es gibt auch Verben, die keinen Aspektpartner haben, z. B. **находи́ться**, impf. (sich befinden), **состоя́ться**, pf. (stattfinden).

- Von den durch Präfix gebildeten perfektiven Verben wird in der Regel durch Einschub der Suffixe **-ыва-**, **-ва-** und **-ива-** der imperfektive Aspektpartner gleicher Bedeutung gebildet:

perfektiver Aspekt	imperfektiver Aspekt
вы́курить	**выку́ривать**
закури́ть	**заку́ривать**
накури́ть	**наку́ривать**
перекури́ть	**переку́ривать**
покури́ть	**поку́ривать**
прикури́ть	**прику́ривать**

- Manche imperfektiven Aspektpartner werden von perfektiven Formen auf **-ить** durch Vokalwechsel zu **-ать** , **-ять** gebildet, z.B.:

perfektiver Aspekt	imperfektiver Aspekt	Deutsch
получи́ть	**получа́ть**	bekommen
бро́сить	**броса́ть**	werfen
замени́ть	**заменя́ть**	ersetzen

- Einige Aspektpaare gehören zwei verschiedenen Wortstämmen an, z. B.:

perfektiver Aspekt	imperfektiver Aspekt	Deutsch
взять	**брать**	nehmen
положи́ть	**класть**	legen
сказа́ть	**говори́ть**	sprechen
сесть	**сади́ться**	sich setzen
лечь	**ложи́ться**	sich legen

Verben der Fortbewegung

Anders als im Deutschen unterscheidet man im Russischen bei Verben der Fortbewegung wie z. B. „gehen“, „fahren“, „schwimmen“ zwischen einer zielgerichteten und einer nicht zielgerichteten Bewegung. Jede Fortbewegung kann durch unbestimmte Verben als nicht zielgerichtet oder durch bestimmte Verben als zielgerichtet wiedergegeben werden. Sowohl die bestimmte als auch die unbestimmte Form gehören dem imperfektiven Aspekt an. Da diese Unterscheidung im Deutschen nicht getroffen wird, entspricht einem deutschen Verb ein russisches Verbpaar. Es handelt sich um folgende vierzehn Verbpaare:

Bestimmte Bewegung	Unbestimmte Bewegung	Deutsch
бежáть	бéгать	laufen, rennen
брести́	броди́ть	schlendern
везти́	вози́ть	fahrend transportieren
вести́	води́ть	führen
гнать	гоня́ть	treiben, jagen
éхать	éздить	fahren
идти́	ходи́ть	gehen
кати́ть	катáть	wälzen, rollen
лезть	лáзить	klettern
летéть	летáть	fliegen
нести́	носи́ть	tragen
плыть	плáвать	schwimmen
ползти́	пóлзать	kriechen
тащи́ть	таскáть	schleppen

Die Verben der bestimmten Bewegung bezeichnen:

eine Bewegung in eine Richtung:

Мáша идёт сейчáс в бассéйн. Mascha geht jetzt ins Schwimmbad.

eine Bewegung mit Hinweis auf ihr Ziel:

Мы éдем во Фрáнцию. Wir fahren nach Frankreich.

Die Verben der unbestimmten Bewegung bezeichnen:

eine Bewegung hin und zurück, eine mehrmalig ausgeführte Bewegung:

Мáша хóдит в бассéйн. Mascha geht (oft) ins Schwimmbad. (Sie geht zum Schwimmbad und wieder zurück nach Hause).

Мы чáсто éздили во Фрáнцию. Wir fuhren oft nach Frankreich (und wieder zurück nach Hause).

eine nicht zielgerichtete Bewegung:

Мýха плáвает в бокáле винá. Im Weinglas schwimmt eine Mücke.

eine ständige Eigenschaft, eine allgemeine Fähigkeit:

Рыбы плáвают. Fische (können) schwimmen.

Öffentliche Verkehrsmittel, die nach einem Plan verkehren, werden in der Regel mit den Verben **идти́ – ходи́ть** genannt:

Авто́бус хо́дит ка́ждые пять мину́т.	Der Bus fährt alle fünf Minuten.
Трамва́й идёт в центр.	Die Straßenbahn fährt in die Stadtmitte.
Паро́м хо́дит то́лько ле́том.	Die Fähre verkehrt nur im Sommer.

Parallel hierzu wird eine Fortbewegung per Schiff, Fähre, Floß etc. mit den Verben **плыть – пла́вать** bezeichnet:

Парохо́д плывёт из Га́мбурга в Пана́му.	Der Dampfer fährt von Hamburg nach Panama.
В воскресе́нье мы пла́вали на ло́дке.	Am Sonntag sind wir Boot gefahren.

Imperfektives Verb

бéгать UNBEST
umherlaufen

INDIKATIV

Präsens

я	бéгаю
ты	бéгаешь
он	бéгает
онá	бéгает
онó	бéгает
мы	бéгаем
вы	бéгаете
они́	бéгают

Präteritum

я	бéгал / бéгала
ты	бéгал / бéгала
он	бéгал
онá	бéгала
онó	бéгало
мы	бéгали
вы	бéгали
они́	бéгали

Futur / IMPF

я	бýду	бéгать
ты	бýдешь	бéгать
он	бýдет	бéгать
онá	бýдет	бéгать
онó	бýдет	бéгать
мы	бýдем	бéгать
вы	бýдете	бéгать
они́	бýдут	бéгать

KONJUNKTIV

я	бéгал / бéгала бы
ты	бéгал / бéгала бы
он	бéгал бы
онá	бéгала бы
онó	бéгало бы
мы	бéгали бы
вы	бéгали бы
они́	бéгали бы

PARTIZIPIEN

AP	**Präsens**	бéгая
P	**Präs. Aktiv**	бéгающий
P	**Prät. Aktiv**	бéгавший

IMPERATIV

Бéгай!
Бéгайте!

BESTIMMT

бежáть → 2

Imperfektives Verb

бежáть BEST
laufen

INDIKATIV

Präsens

я	бегý
ты	бежи́шь
он	бежи́т
онá	бежи́т
онó	бежи́т
мы	бежи́м
вы	бежи́те
они́	бегýт

Präteritum

я	бежáл / бежáла
ты	бежáл / бежáла
он	бежáл
онá	бежáла
онó	бежáло
мы	бежáли
вы	бежáли
они́	бежáли

Futur / IMPF

я	бýду	бежáть
ты	бýдешь	бежáть
он	бýдет	бежáть
онá	бýдет	бежáть
онó	бýдет	бежáть
мы	бýдем	бежáть
вы	бýдете	бежáть
они́	бýдут	бежáть

KONJUNKTIV

я	бежáл / бежáла бы
ты	бежáл / бежáла бы
он	бежáл бы
онá	бежáла бы
онó	бежáло бы
мы	бежáли бы
вы	бежáли бы
они́	бежáли бы

PARTIZIPIEN

P	**Präs.Aktiv**	бегýщий
AP	**Präteritum**	бежáв
P	**Prät. Aktiv**	бежáвший

IMPERATIV

Беги́!
Беги́те!

UNBESTIMMT

бéгать → 1

Imperfektives Verb

бере́чь
schonen

INDIKATIV

Präsens		Präteritum		Futur / IMPF		
я	берегу́	я	берёг / берегла́	я	бу́ду	бере́чь
ты	бережёшь	ты	берёг / берегла́	ты	бу́дешь	бере́чь
он	бережёт	он	берёг	он	бу́дет	бере́чь
она́	бережёт	она́	берегла́	она́	бу́дет	бере́чь
оно́	бережёт	оно́	берегло́	оно́	бу́дет	бере́чь
мы	бережём	мы	берегли́	мы	бу́дем	бере́чь
вы	бережёте	вы	берегли́	вы	бу́дете	бере́чь
они́	берегу́т	они́	берегли́	они́	бу́дут	бере́чь

KONJUNKTIV

я	берёг / берегла́	бы
ты	берёг / берегла́	бы
он	берёг	бы
она́	берегла́	бы
оно́	берегло́	бы
мы	берегли́	бы
вы	берегли́	бы
они́	берегли́	бы

PARTIZIPIEN

P	**Präs. Aktiv**	берегу́щий
P	**Prät. Aktiv**	берёгший

IMPERATIV

Береги́!
Береги́те!

PERFEKTIV

сбере́чь

Imperfektives Verb

бить
schlagen

INDIKATIV

Präsens		Präteritum		Futur / IMPF		
я	бью́	я	бил / би́ла	я	бу́ду	бить
ты	бьёшь	ты	бил / би́ла	ты	бу́дешь	бить
он	бьёт	он	бил	он	бу́дет	бить
она́	бьёт	она́	би́ла	она́	бу́дет	бить
оно́	бьёт	оно́	би́ло	оно́	бу́дет	бить
мы	бьём	мы	би́ли	мы	бу́дем	бить
вы	бьёте	вы	би́ли	вы	бу́дете	бить
они́	бью́т	они́	би́ли	они́	бу́дут	бить

KONJUNKTIV

я	бил / би́ла	бы
ты	бил / би́ла	бы
он	бил	бы
она́	би́ла	бы
оно́	би́ло	бы
мы	би́ли	бы
вы	би́ли	бы
они́	би́ли	бы

PARTIZIPIEN

AP	**Präsens**	бия́ (veraltet)
P	**Präs. Aktiv**	бью́щий
P	**Prät. Aktiv**	би́вший
P	**Prät. Passiv**	би́тый (adj)

IMPERATIV

Бей!
Бе́йте!

PERFEKTIV

поби́ть

Imperfektives Verb

благодари́ть
danken

INDIKATIV

Präsens		Präteritum		Futur / IMPF		
я	благодарю́	я	благодари́л/благодари́ла	я	бу́ду	благодари́ть
ты	благодари́шь	ты	благодари́л/благодари́ла	ты	бу́дешь	благодари́ть
он	благодари́т	он	благодари́л	он	бу́дет	благодари́ть
она́	благодари́т	она́	благодари́ла	она́	бу́дет	благодари́ть
оно́	благодари́т	оно́	благодари́ло	оно́	бу́дет	благодари́ть
мы	благодари́м	мы	благодари́ли	мы	бу́дем	благодари́ть
вы	благодари́те	вы	благодари́ли	вы	бу́дете	благодари́ть
они́	благодаря́т	они́	благодари́ли	они́	бу́дут	благодари́ть

KONJUNKTIV

я	благодари́л/благодари́ла	бы
ты	благодари́л/благодари́ла	бы
он	благодари́л	бы
она́	благодари́ла	бы
оно́	благодари́ло	бы
мы	благодари́ли	бы
вы	благодари́ли	бы
они́	благодари́ли	бы

PARTIZIPIEN

AP	**Präsens**	благодаря́
P	**Präs. Aktiv**	благодаря́щий
P	**Prät. Aktiv**	благодари́вший

IMPERATIV

Благодари́!
Благодари́те!

PERFEKTIV

поблагодари́ть

Imperfektives Verb

блесте́ть
glänzen

INDIKATIV

Präsens		Präteritum		Futur / IMPF		
я	блещу́	я	блесте́л / блесте́ла	я	бу́ду	блесте́ть
ты	блести́шь	ты	блесте́л / блесте́ла	ты	бу́дешь	блесте́ть
он	блести́т	он	блесте́л	он	бу́дет	блесте́ть
она́	блести́т	она́	блесте́ла	она́	бу́дет	блесте́ть
оно́	блести́т	оно́	блесте́ло	оно́	бу́дет	блесте́ть
мы	блести́м	мы	блесте́ли	мы	бу́дем	блесте́ть
вы	блести́те	вы	блесте́ли	вы	бу́дете	блесте́ть
они́	блестя́т	они́	блесте́ли	они́	бу́дут	блесте́ть

KONJUNKTIV

я	блесте́л / блесте́ла	бы
ты	блесте́л / блесте́ла	бы
он	блесте́л	бы
она́	блесте́ла	бы
оно́	блесте́ло	бы
мы	блесте́ли	бы
вы	блесте́ли	бы
они́	блесте́ли	бы

PARTIZIPIEN

AP	**Präsens**	блестя́
P	**Präs. Aktiv**	блестя́щий / бле́щущий
P	**Prät. Aktiv**	блесте́вший

IMPERATIV

Блести́!
Блести́те!

PERFEKTIV

блесну́ть

Imperfektives Verb

боле́ть
krank sein

INDIKATIV

Präsens		Präteritum		Futur / IMPF		
я	боле́ю	я	боле́л / боле́ла	я	бу́ду	боле́ть
ты	боле́ешь	ты	боле́л / боле́ла	ты	бу́дешь	боле́ть
он	боле́ет	он	боле́л	он	бу́дет	боле́ть
она́	боле́ет	она́	боле́ла	она́	бу́дет	боле́ть
оно́	боле́ет	оно́	боле́ло	оно́	бу́дет	боле́ть
мы	боле́ем	мы	боле́ли	мы	бу́дем	боле́ть
вы	боле́ете	вы	боле́ли	вы	бу́дете	боле́ть
они́	боле́ют	они́	боле́ли	они́	бу́дут	боле́ть

KONJUNKTIV

я	боле́л / боле́ла	бы
ты	боле́л / боле́ла	бы
он	боле́л	бы
она́	боле́ла	бы
оно́	боле́ло	бы
мы	боле́ли	бы
вы	боле́ли	бы
они́	боле́ли	бы

PARTIZIPIEN

AP	**Präsens**	боле́я
P	**Präs. Aktiv**	боле́ющий
P	**Prät. Aktiv**	боле́вший

IMPERATIV

Боле́й!
Боле́йте!

PERFEKTIV

заболе́ть

Imperfektives Verb

боро́ться
kämpfen

INDIKATIV

Präsens		Präteritum		Futur / IMPF		
я	борю́сь	я	боро́лся / боро́лась	я	бу́ду	боро́ться
ты	бо́решься	ты	боро́лся / боро́лась	ты	бу́дешь	боро́ться
он	бо́рется	он	боро́лся	он	бу́дет	боро́ться
она́	бо́рется	она́	боро́лась	она́	бу́дет	боро́ться
оно́	бо́рется	оно́	боро́лось	оно́	бу́дет	боро́ться
мы	бо́ремся	мы	боро́лись	мы	бу́дем	боро́ться
вы	бо́ретесь	вы	боро́лись	вы	бу́дете	боро́ться
они́	бо́рются	они́	боро́лись	они́	бу́дут	боро́ться

KONJUNKTIV

я	боро́лся / боро́лась	бы
ты	боро́лся / боро́лась	бы
он	боро́лся	бы
она́	боро́лась	бы
оно́	боро́лось	бы
мы	боро́лись	бы
вы	боро́лись	бы
они́	боро́лись	бы

PARTIZIPIEN

AP	**Präsens**	боря́сь
P	**Präs. Aktiv**	бо́рющийся
P	**Prät. Aktiv**	боро́вшийся

IMPERATIV

Бори́сь!
Бори́тесь!

PERFEKTIV

поборо́ться

Imperfektives Verb

боя́ться

sich fürchten

INDIKATIV

Präsens		Präteritum		Futur / IMPF		
я	боюсь	я	боя́лся / боя́лась	я	бу́ду	боя́ться
ты	бои́шься	ты	боя́лся / боя́лась	ты	бу́дешь	боя́ться
он	бои́тся	он	боя́лся	он	бу́дет	боя́ться
она́	бои́тся	она́	боя́лась	она́	бу́дет	боя́ться
оно́	бои́тся	оно́	боя́лось	оно́	бу́дет	боя́ться
мы	бои́мся	мы	боя́лись	мы	бу́дем	боя́ться
вы	бои́тесь	вы	боя́лись	вы	бу́дете	боя́ться
они́	боя́тся	они́	боя́лись	они́	бу́дут	боя́ться

KONJUNKTIV

я боя́лся / боя́лась бы
ты боя́лся / боя́лась бы
он боя́лся бы
она́ боя́лась бы
оно́ боя́лось бы
мы боя́лись бы
вы боя́лись бы
они́ боя́лись бы

PARTIZIPIEN

AP	**Präsens**	боя́сь
P	**Präs. Aktiv**	боя́щийся
P	**Prät. Aktiv**	боя́вшийся

IMPERATIV

Бо́йся!
Бо́йтесь!

PERFEKTIV

забоя́ться

Imperfektives Verb

брать

nehmen

INDIKATIV

Präsens		Präteritum		Futur / IMPF		
я	беру́	я	брал / брала́	я	бу́ду	брать
ты	берёшь	ты	брал / брала́	ты	бу́дешь	брать
он	берёт	он	брал	он	бу́дет	брать
она́	берёт	она́	брала́	она́	бу́дет	брать
оно́	берёт	оно́	бра́ло	оно́	бу́дет	брать
мы	берём	мы	бра́ли	мы	бу́дем	брать
вы	берёте	вы	бра́ли	вы	бу́дете	брать
они́	беру́т	они́	бра́ли	они́	бу́дут	брать

KONJUNKTIV

я брал / брала́ бы
ты брал / брала́ бы
он брал бы
она́ брала́ бы
оно́ бра́ло бы
мы бра́ли бы
вы бра́ли бы
они́ бра́ли бы

PARTIZIPIEN

AP	**Präsens**	беря́
P	**Präs. Aktiv**	беру́щий
P	**Prät. Aktiv**	бра́вший

IMPERATIV

Бери́!
Бери́те!

PERFEKTIV

взять → 20

Imperfektives Verb

брести́ BEST
schlendern

INDIKATIV

Präsens

я	бреду́
ты	бредёшь
он	бредёт
она́	бредёт
оно́	бредёт
мы	бредём
вы	бредёте
они́	бреду́т

Präteritum

я	брёл / брела́
ты	брёл / брела́
он	брёл
она́	брела́
оно́	брело́
мы	брели́
вы	брели́
они́	брели́

Futur / IMPF

я	бу́ду	брести́
ты	бу́дешь	брести́
он	бу́дет	брести́
она́	бу́дет	брести́
оно́	бу́дет	брести́
мы	бу́дем	брести́
вы	бу́дете	брести́
они́	бу́дут	брести́

KONJUNKTIV

я	брёл / брела́	бы
ты	брёл / брела́	бы
он	брёл	бы
она́	брела́	бы
оно́	брело́	бы
мы	брели́	бы
вы	брели́	бы
они́	брели́	бы

PARTIZIPIEN

AP	**Präsens**	бредя́
P	**Präs. Aktiv**	бреду́щий
P	**Prät. Aktiv**	бре́дший

IMPERATIV

Бреди́!
Бреди́те!

UNBESTIMMT

броди́ть → 13

Imperfektives Verb

бри́ться
sich rasieren

INDIKATIV

Präsens

я	бре́юсь
ты	бре́ешься
он	бре́ется
она́	бре́ется
оно́	бре́ется
мы	бре́емся
вы	бре́етесь
они́	бре́ются

Präteritum

я	бри́лся / бри́лась
ты	бри́лся / бри́лась
он	бри́лся
она́	бри́лась
оно́	бри́лось
мы	бри́лись
вы	бри́лись
они́	бри́лись

Futur / IMPF

я	бу́ду	бри́ться
ты	бу́дешь	бри́ться
он	бу́дет	бри́ться
она́	бу́дет	бри́ться
оно́	бу́дет	бри́ться
мы	бу́дем	бри́ться
вы	бу́дете	бри́ться
они́	бу́дут	бри́ться

KONJUNKTIV

я	бри́лся / бри́лась	бы
ты	бри́лся / бри́лась	бы
он	бри́лся	бы
она́	бри́лась	бы
оно́	бри́лось	бы
мы	бри́лись	бы
вы	бри́лись	бы
они́	бри́лись	бы

PARTIZIPIEN

AP	**Präsens**	бре́ясь
P	**Präs. Aktiv**	бре́ющийся
P	**Prät. Aktiv**	бри́вшийся
P	**Prät. Passiv**	бри́тый

IMPERATIV

Бре́йся!
Бре́йтесь!

PERFEKTIV

побри́ться

бродúть UNBEST

umherschlendern

INDIKATIV

Präsens		Präteritum		Futur / IMPF		
я	брожу́	я	бродúл / бродúла	я	бу́ду	бродúть
ты	бро́дишь	ты	бродúл / бродúла	ты	бу́дешь	бродúть
он	бро́дит	он	бродúл	он	бу́дет	бродúть
онá	бро́дит	онá	бродúла	онá	бу́дет	бродúть
онó	бро́дит	онó	бродúло	онó	бу́дет	бродúть
мы	бро́дим	мы	бродúли	мы	бу́дем	бродúть
вы	бро́дите	вы	бродúли	вы	бу́дете	бродúть
онú	бро́дят	онú	бродúли	онú	бу́дут	бродúть

KONJUNKTIV

я бродúл / бродúла бы
ты бродúл / бродúла бы
он бродúл бы
онá бродúла бы
онó бродúло бы
мы бродúли бы
вы бродúли бы
онú бродúли бы

PARTIZIPIEN

AP	**Präsens**	бродя́
P	**Präs. Aktiv**	бродя́щий
P	**Prät. Aktiv**	бродúвший

IMPERATIV

Бродú!
Бродúте!

BESTIMMT

брестú → **11**

будúть

wecken

INDIKATIV

Präsens		Präteritum		Futur / IMPF		
я	бужу́	я	будúл / будúла	я	бу́ду	будúть
ты	бу́дишь	ты	будúл / будúла	ты	бу́дешь	будúть
он	бу́дит	он	будúл	он	бу́дет	будúть
онá	бу́дит	онá	будúла	онá	бу́дет	будúть
онó	бу́дит	онó	будúло	онó	бу́дет	будúть
мы	бу́дим	мы	будúли	мы	бу́дем	будúть
вы	бу́дите	вы	будúли	вы	бу́дете	будúть
онú	бу́дят	онú	будúли	онú	бу́дут	будúть

KONJUNKTIV

я будúл / будúла бы
ты будúл / будúла бы
он будúл бы
онá будúла бы
онó будúло бы
мы будúли бы
вы будúли бы
онú будúли бы

PARTIZIPIEN

AP	**Präsens**	будя́
P	**Präs. Aktiv**	будя́щий
P	**Präs. Passiv**	будúмый
P	**Prät. Aktiv**	будúвший

IMPERATIV

Будú!
Будúте!

PERFEKTIV

разбудúть

Imperfektives Verb

быть
sein

INDIKATIV

Präsens		Präteritum		Futur / IMPF	
я	есть	я	был, не́ был / не была́	я	бу́ду
ты	есть	ты	был, не́ был / не была́	ты	бу́дешь
он	есть	он	был, не́ был	он	бу́дет
она́	есть	она́	была́, не была́	она́	бу́дет
оно́	есть	оно́	бы́ло, не́ было	оно́	бу́дет
мы	есть	мы	бы́ли, не́ были	мы	бу́дем
вы	есть	вы	бы́ли, не́ были	вы	бу́дете
они́	есть	они́	бы́ли, не́ были	они́	бу́дут

KONJUNKTIV

я	был / была́ бы
ты	был / была́ бы
он	был бы
она́	была́ бы
оно́	бы́ло бы
мы	бы́ли бы
вы	бы́ли бы
они́	бы́ли бы

(Betonung mit **не** *wie im Präteritum)*

PARTIZIPIEN

AP	**Präsens**	бу́дучи
P	**Präs. Aktiv**	бу́дущий
P	**Prät. Aktiv**	бы́вший

IMPERATIV

Бу́дь!
Бу́дьте!

PERFEKTIV

—

Imperfektives Verb

вари́ть
kochen

INDIKATIV

Präsens		Präteritum		Futur / IMPF		
я	варю́	я	вари́л / вари́ла	я	бу́ду	вари́ть
ты	ва́ришь	ты	вари́л / вари́ла	ты	бу́дешь	вари́ть
он	ва́рит	он	вари́л	он	бу́дет	вари́ть
она́	ва́рит	она́	вари́ла	она́	бу́дет	вари́ть
оно́	ва́рит	оно́	вари́ло	оно́	бу́дет	вари́ть
мы	ва́рим	мы	вари́ли	мы	бу́дем	вари́ть
вы	ва́рите	вы	вари́ли	вы	бу́дете	вари́ть
они́	ва́рят	они́	вари́ли	они́	бу́дут	вари́ть

KONJUNKTIV

я	вари́л / вари́ла бы
ты	вари́л / вари́ла бы
он	вари́л бы
она́	вари́ла бы
оно́	вари́ло бы
мы	вари́ли бы
вы	вари́ли бы
они́	вари́ли бы

PARTIZIPIEN

AP	**Präsens**	варя́
P	**Präs. Aktiv**	ва́рящий
P	**Präs. Passiv**	вари́мый
P	**Prät. Aktiv**	вари́вший
P	**Prät. Passiv**	ва́ренный

IMPERATIV

Вари́!
Вари́те!

PERFEKTIV

свари́ть

Imperfektives Verb

везти́ BEST
transportieren, fahren

INDIKATIV

Präsens		Präteritum		Futur / IMPF		
я	везу́	я	вёз / везла́	я	бу́ду	везти́
ты	везёшь	ты	вёз / везла́	ты	бу́дешь	везти́
он	везёт	он	вёз	он	бу́дет	везти́
она́	везёт	она́	везла́	она́	бу́дет	везти́
оно́	везёт	оно́	везло́	оно́	бу́дет	везти́
мы	везём	мы	везли́	мы	бу́дем	везти́
вы	везёте	вы	везли́	вы	бу́дете	везти́
они́	везу́т	они́	везли́	они́	бу́дут	везти́

KONJUNKTIV

я	вёз / везла́	бы
ты	вёз / везла́	бы
он	вёз	бы
она́	везла́	бы
оно́	везло́	бы
мы	везли́	бы
вы	везли́	бы
они́	везли́	бы

PARTIZIPIEN

AP	Präsens	везя́
P	Präs. Aktiv	везу́щий
P	Präs. Passiv	везо́мый
P	Prät. Aktiv	вёзший

IMPERATIV

Вези́!
Вези́те!

UNBESTIMMT

вози́ть → 26

Imperfektives Verb

вести́ BEST
führen

INDIKATIV

Präsens		Präteritum		Futur / IMPF		
я	веду́	я	вёл / вела́	я	бу́ду	вести́
ты	ведёшь	ты	вёл / вела́	ты	бу́дешь	вести́
он	ведёт	он	вёл	он	бу́дет	вести́
она́	ведёт	она́	вела́	она́	бу́дет	вести́
оно́	ведёт	оно́	вело́	оно́	бу́дет	вести́
мы	ведём	мы	вели́	мы	бу́дем	вести́
вы	ведёте	вы	вели́	вы	бу́дете	вести́
они́	веду́т	они́	вели́	они́	бу́дут	вести́

KONJUNKTIV

я	вёл / вела́	бы
ты	вёл / вела́	бы
он	вёл	бы
она́	вела́	бы
оно́	вело́	бы
мы	вели́	бы
вы	вели́	бы
они́	вели́	бы

PARTIZIPIEN

AP	Präsens	ведя́
P	Präs. Aktiv	веду́щий
P	Präs. Passiv	ведо́мый
P	Prät. Aktiv	ве́дший

IMPERATIV

Веди́!
Веди́те!

UNBESTIMMT

води́ть → 25

Perfektives Verb

верну́ться

zurückkehren

INDIKATIV

Futur / PF		Präteritum	
я	верну́сь	я	верну́лся / верну́лась
ты	вернёшься	ты	верну́лся / верну́лась
он	вернётся	он	верну́лся
она́	вернётся	она́	верну́лась
оно́	вернётся	оно́	верну́лось
мы	вернёмся	мы	верну́лись
вы	вернётесь	вы	верну́лись
они́	верну́тся	они́	верну́лись

KONJUNKTIV

я	верну́лся / верну́лась	бы
ты	верну́лся / верну́лась	бы
он	верну́лся	бы
она́	верну́лась	бы
оно́	верну́лось	бы
мы	верну́лись	бы
вы	верну́лись	бы
они́	верну́лись	бы

PARTIZIPIEN

AP	**Präteritum**	верну́вшись
P	**Prät. Aktiv**	верну́вшийся

IMPERATIV

Верни́сь!

Верни́тесь!

IMPERFEKTIV

возвраща́ться

Perfektives Verb

взять

nehmen

INDIKATIV

Futur / PF		Präteritum	
я	возьму́	я	взял / взяла́
ты	возьмёшь	ты	взял / взяла́
он	возьмёт	он	взял
она́	возьмёт	она́	взяла́
оно́	возьмёт	оно́	взя́ло
мы	возьмём	мы	взя́ли
вы	возьмёте	вы	взя́ли
они́	возьму́т	они́	взя́ли

KONJUNKTIV

я	взял	бы
ты	взял	бы
он	взял	бы
она́	взяла́	бы
оно́	взя́ло	бы
мы	взя́ли	бы
вы	взя́ли	бы
они́	взя́ли	бы

PARTIZIPIEN

AP	**Präteritum**	взяв
P	**Prät. Aktiv**	взя́вший
P	**Prät. Passiv**	взя́тый
Kurzformen		взят
		взята́
		взя́то
		взя́ты

IMPERATIV

Возьми́!

Возьми́те!

IMPERFEKTIV

брать → 10

ви́деть
sehen

INDIKATIV

Präsens		Präteritum		Futur / IMPF		
я	ви́жу	я	ви́дел / ви́дела	я	бу́ду	ви́деть
ты	ви́дишь	ты	ви́дел / ви́дела	ты	бу́дешь	ви́деть
он	ви́дит	он	ви́дел	он	бу́дет	ви́деть
она́	ви́дит	она́	ви́дела	она́	бу́дет	ви́деть
оно́	ви́дит	оно́	ви́дело	оно́	бу́дет	ви́деть
мы	ви́дим	мы	ви́дели	мы	бу́дем	ви́деть
вы	ви́дите	вы	ви́дели	вы	бу́дете	ви́деть
они́	ви́дят	они́	ви́дели	они́	бу́дут	ви́деть

KONJUNKTIV

я ви́дел / ви́дела бы
ты ви́дел / ви́дела бы
он ви́дел бы
она́ ви́дела бы
оно́ ви́дело бы
мы ви́дели бы
вы ви́дели бы
они́ ви́дели бы

PARTIZIPIEN

AP	**Präsens**	ви́дя
P	**Präs. Aktiv**	ви́дящий
P	**Präs. Passiv**	ви́димый
P	**Prät. Aktiv**	ви́девший
P	**Prät. Passiv**	ви́денный
Kurzformen		ви́ден (adj)
		видна́ (adj)
		ви́дно (adj)
		видны́ (adj)

IMPERATIV

(Смотри́!)
(Смотри́те!)

PERFEKTIV

уви́деть

висе́ть
hängen ITR

INDIKATIV

Präsens		Präteritum		Futur / IMPF		
я	вишу́	я	висе́л / висе́ла	я	бу́ду	висе́ть
ты	виси́шь	ты	висе́л / висе́ла	ты	бу́дешь	висе́ть
он	виси́т	он	висе́л	он	бу́дет	висе́ть
она́	виси́т	она́	висе́ла	она́	бу́дет	висе́ть
оно́	виси́т	оно́	висе́ло	оно́	бу́дет	висе́ть
мы	виси́м	мы	висе́ли	мы	бу́дем	висе́ть
вы	виси́те	вы	висе́ли	вы	бу́дете	висе́ть
они́	вися́т	они́	висе́ли	они́	бу́дут	висе́ть

KONJUNKTIV

я висе́л / висе́ла бы
ты висе́л / висе́ла бы
он висе́л бы
она́ висе́ла бы
оно́ висе́ло бы
мы висе́ли бы
вы висе́ли бы
они́ висе́ли бы

PARTIZIPIEN

AP	**Präsens**	вися́
P	**Präs. Aktiv**	вися́щий
P	**Prät. Aktiv**	висе́вший

IMPERATIV

Виси́!
Виси́те!

PERFEKTIV

—

Perfektives Verb

включи́ть
einschalten

INDIKATIV

Futur / PF		**Präteritum**	
я	включу́	я	включи́л / включи́ла
ты	включи́шь	ты	включи́л / включи́ла
он	включи́т	он	включи́л
она́	включи́т	она́	включи́ла
оно́	включи́т	оно́	включи́ло
мы	включи́м	мы	включи́ли
вы	включи́те	вы	включи́ли
они́	включа́т	они́	включи́ли

KONJUNKTIV

я	включи́л / включи́ла	бы
ты	включи́л / включи́ла	бы
он	включи́л	бы
она́	включи́ла	бы
оно́	включи́ло	бы
мы	включи́ли	бы
вы	включи́ли	бы
они́	включи́ли	бы

PARTIZIPIEN

AP	**Präteritum**	включи́в
P	**Prät. Aktiv**	включи́вший
P	**Prät. Passiv**	включённый
Kurzformen		включён
		включена́
		включено́
		включены́

IMPERATIV

Включи́!
Включи́те!

IMPERFEKTIV

включа́ть

Imperfektives Verb

влечь
zur Folge haben

INDIKATIV

Präsens		**Präteritum**		**Futur** / IMPF		
я	влеку́	я	влёк / влекла́	я	бу́ду	влечь
ты	влечёшь	ты	влёк / влекла́	ты	бу́дешь	влечь
он	влечёт	он	влёк	он	бу́дет	влечь
она́	влечёт	она́	влекла́	она́	бу́дет	влечь
оно́	влечёт	оно́	влекло́	оно́	бу́дет	влечь
мы	влечём	мы	влекли́	мы	бу́дем	влечь
вы	влечёте	вы	влекли́	вы	бу́дете	влечь
они́	влеку́т	они́	влекли́	они́	бу́дут	влечь

KONJUNKTIV

я	влёк / влекла	бы
ты	влёк / влекла	бы
он	влёк	бы
она́	влекла́	бы
оно́	влекло́	бы
мы	влекли́	бы
вы	влекли́	бы
они́	влекли́	бы

PARTIZIPIEN

P	**Präs. Aktiv**	влеку́щий
P	**Präs. Passiv**	влеко́мый
P	**Prät. Aktiv**	влёкший

IMPERATIV

Влеки́!
Влеки́те!

PERFEKTIV

повле́чь

води́ть UNBEST
führen

INDIKATIV

Präsens		Präteritum		Futur / IMPF		
я	вожу́	я	води́л / води́ла	я	бу́ду	води́ть
ты	во́дишь	ты	води́л / води́ла	ты	бу́дешь	води́ть
он	во́дит	он	води́л	он	бу́дет	води́ть
она́	во́дит	она́	води́ла	она́	бу́дет	води́ть
оно́	во́дит	оно́	води́ло	оно́	бу́дет	води́ть
мы	во́дим	мы	води́ли	мы	бу́дем	води́ть
вы	во́дите	вы	води́ли	вы	бу́дете	води́ть
они́	во́дят	они́	води́ли	они́	бу́дут	води́ть

KONJUNKTIV

я	води́л / води́ла	бы
ты	води́л / води́ла	бы
он	води́л	бы
она́	води́ла	бы
оно́	води́ло	бы
мы	води́ли	бы
вы	води́ли	бы
они́	води́ли	бы

PARTIZIPIEN

AP	**Präsens**	водя́
P	**Präs. Aktiv**	водя́щий
P	**Präs. Passiv**	води́мый
P	**Prät. Aktiv**	води́вший

IMPERATIV

Води́!
Води́те!

BESTIMMT

вести́ → 18

вози́ть UNBEST
transportieren, fahren TR

INDIKATIV

Präsens		Präteritum		Futur / IMPF		
я	вожу́	я	вози́л / вози́ла	я	бу́ду	вози́ть
ты	во́зишь	ты	вози́л / вози́ла	ты	бу́дешь	вози́ть
он	во́зит	он	вози́л	он	бу́дет	вози́ть
она́	во́зит	она́	вози́ла	она́	бу́дет	вози́ть
оно́	во́зит	оно́	вози́ло	оно́	бу́дет	вози́ть
мы	во́зим	мы	вози́ли	мы	бу́дем	вози́ть
вы	во́зите	вы	вози́ли	вы	бу́дете	вози́ть
они́	во́зят	они́	вози́ли	они́	бу́дут	вози́ть

KONJUNKTIV

я	вози́л / вози́ла	бы
ты	вози́л / вози́ла	бы
он	вози́л	бы
она́	вози́ла	бы
оно́	вози́ло	бы
мы	вози́ли	бы
вы	вози́ли	бы
они́	вози́ли	бы

PARTIZIPIEN

AP	**Präsens**	возя́
P	**Präs. Aktiv**	возя́щий
P	**Präs. Passiv**	вози́мый
P	**Prät. Aktiv**	вози́вший

IMPERATIV

Вози́!
Вози́те!

BESTIMMT

везти́ → 17

Perfektives Verb

ВОЙТИ́

hineingehen

INDIKATIV

Futur / PF		**Präteritum**	
я	войду́	я	вошёл / вошла́
ты	войдёшь	ты	вошёл / вошла́
он	войдёт	он	вошёл
она́	войдёт	она́	вошла́
оно́	войдёт	оно́	вошло́
мы	войдём	мы	вошли́
вы	войдёте	вы	вошли́
они́	войду́т	они́	вошли́

KONJUNKTIV

я	вошёл / вошла́	бы
ты	вошёл / вошла́	бы
он	вошёл	бы
она́	вошла́	бы
оно́	вошло́	бы
мы	вошли́	бы
вы	вошли́	бы
они́	вошли́	бы

PARTIZIPIEN

AP	**Präteritum**	войдя́
P	**Prät. Aktiv**	воше́дший

IMPERATIV

Войди́!
Войди́те!

IMPERFEKTIV

входи́ть → 32

Perfektives Verb

ВСПО́МНИТЬ

sich erinnern

INDIKATIV

Futur / PF		**Präteritum**	
я	вспо́мню	я	вспо́мнил / вспо́мнила
ты	вспо́мнишь	ты	вспо́мнил / вспо́мнила
он	вспо́мнит	он	вспо́мнил
она́	вспо́мнит	она́	вспо́мнила
оно́	вспо́мнит	оно́	вспо́мнило
мы	вспо́мним	мы	вспо́мнили
вы	вспо́мните	вы	вспо́мнили
они́	вспо́мнят	они́	вспо́мнили

KONJUNKTIV

я	вспо́мнил / вспо́мнила	бы
ты	вспо́мнил / вспо́мнила	бы
он	вспо́мнил	бы
она́	вспо́мнила	бы
оно́	вспо́мнило	бы
мы	вспо́мнили	бы
вы	вспо́мнили	бы
они́	вспо́мнили	бы

PARTIZIPIEN

AP	**Präteritum**	вспо́мнив
P	**Prät. Aktiv**	вспо́мнивший

IMPERATIV

Вспо́мни!
Вспо́мните!

IMPERFEKTIV

вспомина́ть

Imperfektives Verb

вставáть

aufstehen

INDIKATIV

Präsens		Präteritum		Futur / IMPF		
я	встаю́	я	вставáл / вставáла	я	бýду	вставáть
ты	встаёшь	ты	вставáл / вставáла	ты	бýдешь	вставáть
он	встаёт	он	вставáл	он	бýдет	вставáть
онá	встаёт	онá	вставáла	онá	бýдет	вставáть
онó	встаёт	онó	вставáло	онó	бýдет	вставáть
мы	встаём	мы	вставáли	мы	бýдем	вставáть
вы	встаёте	вы	вставáли	вы	бýдете	вставáть
они́	встаю́т	они́	вставáли	они́	бýдут	вставáть

KONJUNKTIV

я	вставáл / вставáла бы
ты	вставáл / вставáла бы
он	вставáл бы
онá	вставáла бы
онó	вставáло бы
мы	вставáли бы
вы	вставáли бы
они́	вставáли бы

PARTIZIPIEN

AP	**Präsens**	вставáя
P	**Präs. Aktiv**	встаю́щий
P	**Prät. Aktiv**	вставáвший

IMPERATIV

Вставáй!

Вставáйте!

PERFEKTIV

встáть → 30

Perfektives Verb

встать

aufstehen

INDIKATIV

Futur / PF		Präteritum	
я	встáну	я	встал / встáла
ты	встáнешь	ты	встал / встáла
он	встáнет	он	встал
онá	встáнет	онá	встáла
онó	встáнет	онó	встáло
мы	встáнем	мы	встáли
вы	встáнете	вы	встáли
они́	встáнут	они́	встáли

KONJUNKTIV

я	встал / встáла бы
ты	встал / встáла бы
он	встал бы
онá	встáла бы
онó	встáло бы
мы	встáли бы
вы	встáли бы
они́	встáли бы

PARTIZIPIEN

AP	**Präteritum**	встав
P	**Prät. Aktiv**	встáвший

IMPERATIV

Встань!

Встáньте!

IMPERFEKTIV

вставáть

→ 29

Perfektives Verb

встрéтить

treffen

INDIKATIV

Futur / PF		**Präteritum**	
я	встрéчу	я	встрéтил / встрéтила
ты	встрéтишь	ты	встрéтил / встрéтила
он	встрéтит	он	встрéтил
онá	встрéтит	онá	встрéтила
онó	встрéтит	онó	встрéтило
мы	встрéтим	мы	встрéтили
вы	встрéтите	вы	встрéтили
они́	встрéтят	они́	встрéтили

KONJUNKTIV

я	встрéтил / встрéтила бы
ты	встрéтил / встрéтила бы
он	встрéтил бы
онá	встрéтила бы
онó	встрéтило бы
мы	встрéтили бы
вы	встрéтили бы
они́	встрéтили бы

PARTIZIPIEN

AP	**Präteritum**	встрéтив
P	**Prät. Aktiv**	встрéтивший
P	**Prät. Passiv**	встрéченный
Kurzformen		встрéчен
		встрéчена
		встрéчено
		встрéчены

IMPERATIV

Встреть!
Встрéтьте!

IMPERFEKTIV

встречáть

Imperfektives Verb

входи́ть

hineingehen

INDIKATIV

Präsens		**Präteritum**		**Futur** / IMPF		
я	вхожу́	я	входи́л / входи́ла	я	бу́ду	входи́ть
ты	вхóдишь	ты	входи́л / входи́ла	ты	бу́дешь	входи́ть
он	вхóдит	он	входи́л	он	бу́дет	входи́ть
онá	вхóдит	онá	входи́ла	онá	бу́дет	входи́ть
онó	вхóдит	онó	входи́ло	онó	бу́дет	входи́ть
мы	вхóдим	мы	входи́ли	мы	бу́дем	входи́ть
вы	вхóдите	вы	входи́ли	вы	бу́дете	входи́ть
они́	вхóдят	они́	входи́ли	они́	бу́дут	входи́ть

KONJUNKTIV

я	входи́л / входи́ла бы
ты	входи́л / входи́ла бы
он	входи́л бы
онá	входи́ла бы
онó	входи́ло бы
мы	входи́ли бы
вы	входи́ли бы
они́	входи́ли бы

PARTIZIPIEN

AP	**Präsens**	входя́
P	**Präs. Aktiv**	входя́щий
P	**Prät. Aktiv**	входи́вший

IMPERATIV

Входи́!
Входи́те!

PERFEKTIV

войти́ → 27

Perfektives Verb

вы́брать

wählen

INDIKATIV

Futur / PF		Präteritum	
я	вы́беру	я	вы́брал / вы́брала
ты	вы́берешь	ты	вы́брал / вы́брала
он	вы́берет	он	вы́брал
она́	вы́берет	она́	вы́брала
оно́	вы́берет	оно́	вы́брало
мы	вы́берем	мы	вы́брали
вы	вы́берете	вы	вы́брали
они́	вы́берут	они́	вы́брали

KONJUNKTIV

я	вы́брал / вы́брала бы
ты	вы́брал / вы́брала бы
он	вы́брал бы
она́	вы́брала бы
оно́	вы́брало бы
мы	вы́брали бы
вы	вы́брали бы
они́	вы́брали бы

PARTIZIPIEN

AP	**Präteritum**	вы́брав
P	**Prät. Aktiv**	вы́бравший
P	**Prät. Passiv**	вы́бранный
Kurzformen		вы́бран
		вы́брана
		вы́брано
		вы́браны

IMPERATIV

Вы́бери!
Вы́берите!

IMPERFEKTIV

выбира́ть

Perfektives Verb

вы́ключить

ausschalten

INDIKATIV

Futur / PF		Präteritum	
я	вы́ключу	я	вы́ключил / вы́ключила
ты	вы́ключишь	ты	вы́ключил / вы́ключила
он	вы́ключит	он	вы́ключил
она́	вы́ключит	она́	вы́ключила
оно́	вы́ключит	оно́	вы́ключило
мы	вы́ключим	мы	вы́ключили
вы	вы́ключите	вы	вы́ключили
они́	вы́ключат	они́	вы́ключили

KONJUNKTIV

я	вы́ключил / вы́ключила бы
ты	вы́ключил / вы́ключила бы
он	вы́ключил бы
она́	вы́ключила бы
оно́	вы́ключило бы
мы	вы́ключили бы
вы	вы́ключили бы
они́	вы́ключили бы

PARTIZIPIEN

AP	**Präteritum**	вы́ключив
P	**Prät. Aktiv**	вы́ключивший
P	**Prät. Passiv**	вы́ключенный
Kurzformen		вы́ключен
		вы́ключена
		вы́ключено
		вы́ключены

IMPERATIV

Вы́ключи!
Вы́ключите!

IMPERFEKTIV

выключа́ть

Perfektives Verb

вы́разить

ausdrücken, äußern

INDIKATIV

Futur / PF		Präteritum	
я	вы́ражу	я	вы́разил / вы́разила
ты	вы́разишь	ты	вы́разил / вы́разила
он	вы́разит	он	вы́разил
она́	вы́разит	она́	вы́разила
оно́	вы́разит	оно́	вы́разило
мы	вы́разим	мы	вы́разили
вы	вы́разите	вы	вы́разили
они́	вы́разят	они́	вы́разили

KONJUNKTIV

я	вы́разил / вы́разила	бы
ты	вы́разил / вы́разила	бы
он	вы́разил	бы
она́	вы́разила	бы
оно́	вы́разило	бы
мы	вы́разили	бы
вы	вы́разили	бы
они́	вы́разили	бы

PARTIZIPIEN

AP	**Präteritum**	вы́разив
P	**Prät. Aktiv**	вы́разивший
P	**Prät. Passiv**	вы́раженный
Kurzformen		вы́ражен
		вы́ражена
		вы́ражено
		вы́ражены

IMPERATIV

Вы́рази!
Вы́разите!

IMPERFEKTIV

выража́ть

Imperfektives Verb

гла́дить

streicheln; bügeln

INDIKATIV

Präsens		Präteritum		Futur / IMPF		
я	гла́жу	я	гла́дил / гла́дила	я	бу́ду	гла́дить
ты	гла́дишь	ты	гла́дил / гла́дила	ты	бу́дешь	гла́дить
он	гла́дит	он	гла́дил	он	бу́дет	гла́дить
она́	гла́дит	она́	гла́дила	она́	бу́дет	гла́дить
оно́	гла́дит	оно́	гла́дило	оно́	бу́дет	гла́дить
мы	гла́дим	мы	гла́дили	мы	бу́дем	гла́дить
вы	гла́дите	вы	гла́дили	вы	бу́дете	гла́дить
они́	гла́дят	они́	гла́дили	они́	бу́дут	гла́дить

KONJUNKTIV

я	гла́дил / гла́дила	бы
ты	гла́дил / гла́дила	бы
он	гла́дил	бы
она́	гла́дила	бы
оно́	гла́дило	бы
мы	гла́дили	бы
вы	гла́дили	бы
они́	гла́дили	бы

PARTIZIPIEN

AP	**Präsens**	гла́дя
P	**Präs. Aktiv**	глад́ящий
P	**Präs. Passiv**	глади́мый
P	**Prät. Aktiv**	гладивший
P	**Prät. Passiv**	гла́женный
		гла́женый (adj)

IMPERATIV

Гладь!
Гла́дьте!

PERFEKTIV

погла́дить

глуши́ть

1. betäuben; 2. dämpfen

INDIKATIV

Präsens		Präteritum		Futur / IMPF		
я	глушу́	я	глуши́л / глуши́ла	я	бу́ду	глуши́ть
ты	глу́шишь	ты	глуши́л / глуши́ла	ты	бу́дешь	глуши́ть
он	глу́шит	он	глуши́л	он	бу́дет	глуши́ть
она́	глу́шит	она́	глуши́ла	она́	бу́дет	глуши́ть
оно́	глу́шит	оно́	глуши́ло	оно́	бу́дет	глуши́ть
мы	глу́шим	мы	глуши́ли	мы	бу́дем	глуши́ть
вы	глу́шите	вы	глуши́ли	вы	бу́дете	глуши́ть
они́	глу́шат	они́	глуши́ли	они́	бу́дут	глуши́ть

KONJUNKTIV

я	глуши́л / глуши́ла	бы
ты	глуши́л / глуши́ла	бы
он	глуши́л	бы
она́	глуши́ла	бы
оно́	глуши́ло	бы
мы	глуши́ли	бы
вы	глуши́ли	бы
они́	глуши́ли	бы

PARTIZIPIEN

AP	**Präsens**	глуша́
P	**Präs. Aktiv**	глуша́щий
P	**Prät. Aktiv**	глуши́вший

IMPERATIV

Глуши́!
Глуши́те!

PERFEKTIV

1. оглуши́ть
2. заглуши́ть

гляде́ть

ansehen

INDIKATIV

Präsens		Präteritum		Futur / IMPF		
я	гляжу́	я	гляде́л / гляде́ла	я	бу́ду	гляде́ть
ты	гляди́шь	ты	гляде́л / гляде́ла	ты	бу́дешь	гляде́ть
он	гляди́т	он	гляде́л	он	бу́дет	гляде́ть
она́	гляди́т	она́	гляде́ла	она́	бу́дет	гляде́ть
оно́	гляди́т	оно́	гляде́ло	оно́	бу́дет	гляде́ть
мы	гляди́м	мы	гляде́ли	мы	бу́дем	гляде́ть
вы	гляди́те	вы	гляде́ли	вы	бу́дете	гляде́ть
они́	глядя́т	они́	гляде́ли	они́	бу́дут	гляде́ть

KONJUNKTIV

я	гляде́л / гляде́ла	бы
ты	гляде́л / гляде́ла	бы
он	гляде́л	бы
она́	гляде́ла	бы
оно́	гляде́ло	бы
мы	гляде́ли	бы
вы	гляде́ли	бы
они́	гляде́ли	бы

PARTIZIPIEN

AP	**Präsens**	гля́дя
P	**Präs. Aktiv**	глядя́щий
P	**Prät. Aktiv**	гляде́вший

IMPERATIV

Гляди́!
Гляди́те!

PERFEKTIV

погляде́ть

Imperfektives Verb

гнать BEST
treiben, jagen

INDIKATIV

Präsens		Präteritum		Futur / IMPF		
я	гоню́	я	гнал / гнала́	я	бу́ду	гнать
ты	го́нишь	ты	гнал / гнала́	ты	бу́дешь	гнать
он	го́нит	он	гнал	он	бу́дет	гнать
она́	го́нит	она́	гнала́	она́	бу́дет	гнать
оно́	го́нит	оно́	гна́ло	оно́	бу́дет	гнать
мы	го́ним	мы	гна́ли	мы	бу́дем	гнать
вы	го́ните	вы	гна́ли	вы	бу́дете	гнать
они́	го́нят	они́	гна́ли	они́	бу́дут	гнать

KONJUNKTIV

я	гнал / гнала́	бы
ты	гнал / гнала́	бы
он	гнал	бы
она́	гнала́	бы
оно́	гна́ло	бы
мы	гна́ли	бы
вы	гна́ли	бы
они́	гна́ли	бы

PARTIZIPIEN

AP	**Präsens**	гоня́
P	**Präs. Aktiv**	гоня́щий
P	**Prät. Aktiv**	гна́вший
P	**Prät. Passiv**	гони́мый

IMPERATIV

Гони́!
Гони́те!

UNBESTIMMT

гоня́ть → 43

Imperfektives Verb

гнить
faulen

INDIKATIV

Präsens		Präteritum		Futur / IMPF		
я	гнию́	я	гнил / гнила́	я	бу́ду	гнить
ты	гниёшь	ты	гнил / гнила́	ты	бу́дешь	гнить
он	гниёт	он	гнил	он	бу́дет	гнить
она́	гниёт	она́	гнила́	она́	бу́дет	гнить
оно́	гниёт	оно́	гни́ло	оно́	бу́дет	гнить
мы	гниём	мы	гни́ли	мы	бу́дем	гнить
вы	гниёте	вы	гни́ли	вы	бу́дете	гнить
они́	гнию́т	они́	гни́ли	они́	бу́дут	гнить

KONJUNKTIV

я	гнил / гнила́	бы
ты	гнил / гнила́	бы
он	гнил	бы
она́	гнила́	бы
оно́	гни́ло	бы
мы	гни́ли	бы
вы	гни́ли	бы
они́	гни́ли	бы

PARTIZIPIEN

AP	**Präsens**	гния́
P	**Präs. Aktiv**	гнию́щий
P	**Prät. Aktiv**	гни́вший

IMPERATIV

—
—

PERFEKTIV

сгни́ть

гнуть

biegen

INDIKATIV

Präsens		Präteritum		Futur / IMPF		
я	гну	я	гнул / гну́ла	я	бу́ду	гнуть
ты	гнёшь	ты	гнул / гну́ла	ты	бу́дешь	гнуть
он	гнёт	он	гнул	он	бу́дет	гнуть
она́	гнёт	она́	гну́ла	она́	бу́дет	гнуть
оно́	гнёт	оно́	гну́ло	оно́	бу́дет	гнуть
мы	гнём	мы	гну́ли	мы	бу́дем	гнуть
вы	гнёте	вы	гну́ли	вы	бу́дете	гнуть
они́	гнут	они́	гну́ли	они́	бу́дут	гнуть

KONJUNKTIV

я	гнул / гну́ла бы	
ты	гнул / гну́ла бы	
он	гнул	бы
она́	гну́ла	бы
оно́	гну́ло	бы
мы	гну́ли	бы
вы	гну́ли	бы
они́	гну́ли	бы

PARTIZIPIEN

P	**Präs. Aktiv**	гну́щий
P	**Prät. Aktiv**	гну́вший
P	**Prät. Passiv**	гну́тый

IMPERATIV

Гни!
Гни́те!

PERFEKTIV

согну́ть

говори́ть

sagen, sprechen

INDIKATIV

Präsens		Präteritum		Futur / IMPF		
я	говорю́	я	говори́л / говори́ла	я	бу́ду	говори́ть
ты	говори́шь	ты	говори́л / говори́ла	ты	бу́дешь	говори́ть
он	говори́т	он	говори́л	он	бу́дет	говори́ть
она́	говори́т	она́	говори́ла	она́	бу́дет	говори́ть
оно́	говори́т	оно́	говори́ло	оно́	бу́дет	говори́ть
мы	говори́м	мы	говори́ли	мы	бу́дем	говори́ть
вы	говори́те	вы	говори́ли	вы	бу́дете	говори́ть
они́	говоря́т	они́	говори́ли	они́	бу́дут	говори́ть

KONJUNKTIV

я	говори́л / говори́ла	бы
ты	говори́л / говори́ла	бы
он	говори́л	бы
она́	говори́ла	бы
оно́	говори́ло	бы
мы	говори́ли	бы
вы	говори́ли	бы
они́	говори́ли	бы

PARTIZIPIEN

AP	**Präsens**	говоря́
P	**Präs. Aktiv**	говоря́щий
P	**Prät. Aktiv**	говори́вший
P	**Prät. Passiv**	говорённый
Kurzformen		говорён
		говорена́
		говорено́
		говорены́

IMPERATIV

Говори́!
Говори́те!

PERFEKTIV

сказа́ть → 165

Imperfektives Verb

гоня́ть UNBEST
treiben, jagen

INDIKATIV

Präsens		Präteritum		Futur / IMPF		
я	гоня́ю	я	гоня́л / гоня́ла	я	бу́ду	гоня́ть
ты	гоня́ешь	ты	гоня́л / гоня́ла	ты	бу́дешь	гоня́ть
он	гоня́ет	он	гоня́л	он	бу́дет	гоня́ть
она́	гоня́ет	она́	гоня́ла	она́	бу́дет	гоня́ть
оно́	гоня́ет	оно́	гоня́ло	оно́	бу́дет	гоня́ть
мы	гоня́ем	мы	гоня́ли	мы	бу́дем	гоня́ть
вы	гоня́ете	вы	гоня́ли	вы	бу́дете	гоня́ть
они́	гоня́ют	они́	гоня́ли	они́	бу́дут	гоня́ть

KONJUNKTIV

я гоня́л / гоня́ла бы
ты гоня́л / гоня́ла бы
он гоня́л бы
она́ гоня́ла бы
оно́ гоня́ло бы
мы гоня́ли бы
вы гоня́ли бы
они́ гоня́ли бы

PARTIZIPIEN

AP	**Präsens**	гоня́я
P	**Präs. Aktiv**	гоня́ющий
P	**Präs. Passiv**	гоня́емый
P	**Prät. Aktiv**	гоня́вший

IMPERATIV

Гоня́й!
Гоня́йте!

BESTIMMT

гнать → 39

Imperfektives Verb

горди́ться
stolz sein

INDIKATIV

Präsens		Präteritum		Futur / IMPF		
я	горжу́сь	я	горди́лся / горди́лась	я	бу́ду	горди́ться
ты	горди́шься	ты	горди́лся / горди́лась	ты	бу́дешь	горди́ться
он	горди́тся	он	горди́лся	он	бу́дет	горди́ться
она́	горди́тся	она́	горди́лась	она́	бу́дет	горди́ться
оно́	горди́тся	оно́	горди́лось	оно́	бу́дет	горди́ться
мы	горди́мся	мы	горди́лись	мы	бу́дем	горди́ться
вы	горди́тесь	вы	горди́лись	вы	бу́дете	горди́ться
они́	гордя́тся	они́	горди́лись	они́	бу́дут	горди́ться

KONJUNKTIV

я горди́лся / горди́лась бы
ты горди́лся / горди́лась бы
он горди́лся бы
она́ горди́лась бы
оно́ горди́лось бы
мы горди́лись бы
вы горди́лись бы
они́ горди́лись бы

PARTIZIPIEN

AP	**Präsens**	гордя́сь
P	**Präs. Aktiv**	гордя́щийся
P	**Prät. Aktiv**	горди́вшийся

IMPERATIV

Горди́сь!
Горди́тесь!

PERFEKTIV

—

горе́ть

brennen

INDIKATIV

Präsens		Präteritum		Futur / IMPF		
я	горю́	я	горе́л / горе́ла	я	бу́ду	горе́ть
ты	гори́шь	ты	горе́л / горе́ла	ты	бу́дешь	горе́ть
он	гори́т	он	горе́л	он	бу́дет	горе́ть
она́	гори́т	она́	горе́ла	она́	бу́дет	горе́ть
оно́	гори́т	оно́	горе́ло	оно́	бу́дет	горе́ть
мы	гори́м	мы	горе́ли	мы	бу́дем	горе́ть
вы	гори́те	вы	горе́ли	вы	бу́дете	горе́ть
они́	горя́т	они́	горе́ли	они́	бу́дут	горе́ть

KONJUNKTIV

я	горе́л / горе́ла бы
ты	горе́л / горе́ла бы
он	горе́л бы
она́	горе́ла бы
оно́	горе́ло бы
мы	горе́ли бы
вы	горе́ли бы
они́	горе́ли бы

PARTIZIPIEN

AP	**Präsens**	горя́
P	**Präs. Aktiv**	горя́щий
P	**Prät. Aktiv**	горе́вший

IMPERATIV

Гори́!
Гори́те!

PERFEKTIV

сгоре́ть

гото́вить

1. vorbereiten; 2. kochen

INDIKATIV

Präsens		Präteritum		Futur / IMPF		
я	гото́влю	я	гото́вил / гото́вила	я	бу́ду	гото́вить
ты	гото́вишь	ты	гото́вил / гото́вила	ты	бу́дешь	гото́вить
он	гото́вит	он	гото́вил	он	бу́дет	гото́вить
она́	гото́вит	она́	гото́вила	она́	бу́дет	гото́вить
оно́	гото́вит	оно́	гото́вило	оно́	бу́дет	гото́вить
мы	гото́вим	мы	гото́вили	мы	бу́дем	гото́вить
вы	гото́вите	вы	гото́вили	вы	бу́дете	гото́вить
они́	гото́вят	они́	гото́вили	они́	бу́дут	гото́вить

KONJUNKTIV

я	гото́вил / гото́вила бы
ты	гото́вил / гото́вила бы
он	гото́вил бы
она́	гото́вила бы
оно́	гото́вило бы
мы	гото́вили бы
вы	гото́вили бы
они́	гото́вили бы

PARTIZIPIEN

AP	**Präsens**	гото́вя
P	**Präs. Aktiv**	гото́вящий
P	**Prät. Aktiv**	гото́вивший

IMPERATIV

Гото́вь!
Гото́вьте!

PERFEKTIV

1. подгото́вить
2. пригото́вить

Imperfektives Verb

грози́ть
drohen

INDIKATIV

Präsens		**Präteritum**		**Futur** / IMPF		
я	грожу́	я	грози́л / грози́ла	я	бу́ду	грози́ть
ты	грози́шь	ты	грози́л / грози́ла	ты	бу́дешь	грози́ть
он	грози́т	он	грози́л	он	бу́дет	грози́ть
она́	грози́т	она́	грози́ла	она́	бу́дет	грози́ть
оно́	грози́т	оно́	грози́ло	оно́	бу́дет	грози́ть
мы	грози́м	мы	грози́ли	мы	бу́дем	грози́ть
вы	грози́те	вы	грози́ли	вы	бу́дете	грози́ть
они́	грозя́т	они́	грози́ли	они́	бу́дут	грози́ть

KONJUNKTIV

я	грози́л / грози́ла	бы
ты	грози́л / грози́ла	бы
он	грози́л	бы
она́	грози́ла	бы
оно́	грози́ло	бы
мы	грози́ли	бы
вы	грози́ли	бы
они́	грози́ли	бы

PARTIZIPIEN

AP	**Präsens**	грозя́
P	**Präs. Aktiv**	грозя́щий
P	**Prät. Aktiv**	грози́вший

IMPERATIV

Грози́!
Грози́те!

PERFEKTIV

погрози́ть
пригрози́ть

Imperfektives Verb

гуля́ть
spazieren gehen

INDIKATIV

Präsens		**Präteritum**		**Futur** / IMPF		
я	гуля́ю	я	гуля́л / гуля́ла	я	бу́ду	гуля́ть
ты	гуля́ешь	ты	гуля́л / гуля́ла	ты	бу́дешь	гуля́ть
он	гуля́ет	он	гуля́л	он	бу́дет	гуля́ть
она́	гуля́ет	она́	гуля́ла	она́	бу́дет	гуля́ть
оно́	гуля́ет	оно́	гуля́ло	оно́	бу́дет	гуля́ть
мы	гуля́ем	мы	гуля́ли	мы	бу́дем	гуля́ть
вы	гуля́ете	вы	гуля́ли	вы	бу́дете	гуля́ть
они́	гуля́ют	они́	гуля́ли	они́	бу́дут	гуля́ть

KONJUNKTIV

я	гуля́л / гуля́ла	бы
ты	гуля́л / гуля́ла	бы
он	гуля́л	бы
она́	гуля́ла	бы
оно́	гуля́ло	бы
мы	гуля́ли	бы
вы	гуля́ли	бы
они́	гуля́ли	бы

PARTIZIPIEN

AP	**Präsens**	гуля́я
P	**Präs. Aktiv**	гуля́ющий
P	**Prät. Aktiv**	гуля́вший

IMPERATIV

Гуля́й!
Гуля́йте!

PERFEKTIV

погуля́ть

Imperfektives Verb

давáть
geben

INDIKATIV

Präsens		Präteritum		Futur / IMPF		
я	даю́	я	давáл / давáла	я	бу́ду	давáть
ты	даёшь	ты	давáл / давáла	ты	бу́дешь	давáть
он	даёт	он	давáл	он	бу́дет	давáть
онá	даёт	онá	давáла	онá	бу́дет	давáть
онó	даёт	онó	давáло	онó	бу́дет	давáть
мы	даём	мы	давáли	мы	бу́дем	давáть
вы	даёте	вы	давáли	вы	бу́дете	давáть
они́	даю́т	они́	давáли	они́	бу́дут	давáть

KONJUNKTIV

я	давáл / давáла бы
ты	давáл / давáла бы
он	давáл бы
онá	давáла бы
онó	давáло бы
мы	давáли бы
вы	давáли бы
они́	давáли бы

PARTIZIPIEN

AP	**Präsens**	давáя
P	**Präs. Passiv**	даю́щий
P	**Präs. Passiv**	давáемый
P	**Prät. Aktiv**	давáвший

IMPERATIV

Давáй!
Давáйте!

PERFEKTIV

дать → 50

Perfektives Verb

дать
geben

INDIKATIV

Futur / PF		Präteritum	
я	дам	я	дал / далá
ты	дашь	ты	дал / далá
он	даст	он	дал
онá	даст	онá	далá
онó	даст	онó	далó
мы	дади́м	мы	дáли
вы	дади́те	вы	дáли
они́	даду́т	они́	дáли

KONJUNKTIV

я	дал / далá бы
ты	дал / далá бы
он	дал бы
онá	далá бы
онó	далó бы
мы	дáли бы
вы	дáли бы
они́	дáли бы

PARTIZIPIEN

AP	**Präteritum**	дав
P	**Prät. Aktiv**	дáвший
P	**Prät. Passiv**	дáнный
Kurzformen		дан
		данá
		данó
		даны́

IMPERATIV

Дай!
Дáйте!

IMPERFEKTIV

давáть → 49

Imperfektives Verb

девáть

hintun, hinlegen

INDIKATIV

Präsens		Präteritum		Futur / IMPF		
я	девáю	я	девáл / девáла	я	бýду	девáть
ты	девáешь	ты	девáл / девáла	ты	бýдешь	девáть
он	девáет	он	девáл	он	бýдет	девáть
онá	девáет	онá	девáла	онá	бýдет	девáть
онó	девáет	онó	девáло	онó	бýдет	девáть
мы	девáем	мы	девáли	мы	бýдем	девáть
вы	девáете	вы	девáли	вы	бýдете	девáть
онú	девáют	онú	девáли	онú	бýдут	девáть

KONJUNKTIV

я	девáл / девáла	бы
ты	девáл / девáла	бы
он	девáл	бы
онá	девáла	бы
онó	девáло	бы
мы	девáли	бы
вы	девáли	бы
онú	девáли	бы

PARTIZIPIEN

AP	**Präsens**	девáя
P	**Präs. Aktiv**	девáющий
P	**Präs. Passiv**	девáемый
P	**Prät. Aktiv**	девáвший

IMPERATIV

Девáй!
Девáйте!

PERFEKTIV

деть → 55

Imperfektives Verb

дéлать

machen, tun

INDIKATIV

Präsens		Präteritum		Futur / IMPF		
я	дéлаю	я	дéлал / дéлала	я	бýду	дéлать
ты	дéлаешь	ты	дéлал / дéлала	ты	бýдешь	дéлать
он	дéлает	он	дéлал	он	бýдет	дéлать
онá	дéлает	онá	дéлала	онá	бýдет	дéлать
онó	дéлает	онó	дéлало	онó	бýдет	дéлать
мы	дéлаем	мы	дéлали	мы	бýдем	дéлать
вы	дéлаете	вы	дéлали	вы	бýдете	дéлать
онú	дéлают	онú	дéлали	онú	бýдут	дéлать

KONJUNKTIV

я	дéла / дéла	бы
ты	дéла / дéла	бы
он	дéлал	бы
онá	дéлала	бы
онó	дéлало	бы
мы	дéлали	бы
вы	дéлали	бы
онú	дéлали	бы

PARTIZIPIEN

AP	**Präsens**	дéлая
P	**Präs. Aktiv**	дéлающий
P	**Präs. Passiv**	дéлаемый
P	**Prät. Aktiv**	дéлавший

IMPERATIV

Дéлай!
Дéлайте!

BESTIMMT

сдéлать
→ 162

Imperfektives Verb

дели́ть
teilen

INDIKATIV

Präsens		Präteritum		Futur / IMPF		
я	делю́	я	дели́л / дели́ла	я	бу́ду	дели́ть
ты	де́лишь	ты	дели́л / дели́ла	ты	бу́дешь	дели́ть
он	де́лит	он	дели́л	он	бу́дет	дели́ть
она́	де́лит	она́	дели́ла	она́	бу́дет	дели́ть
оно́	де́лит	оно́	дели́ло	оно́	бу́дет	дели́ть
мы	де́лим	мы	дели́ли	мы	бу́дем	дели́ть
вы	де́лите	вы	дели́ли	вы	бу́дете	дели́ть
они́	де́лят	они́	дели́ли	они́	бу́дут	дели́ть

KONJUNKTIV

я дели́л / дели́ла бы
ты дели́л / дели́ла бы
он дели́л бы
она́ дели́ла бы
оно́ дели́ло бы
мы дели́ли бы
вы дели́ли бы
они́ дели́ли бы

PARTIZIPIEN

AP	**Präsens**	деля́
P	**Präs. Aktiv**	де́лящий
P	**Präs. Passiv**	дели́мый
P	**Prät. Aktiv**	дели́вший

IMPERATIV

Дели́!
Дели́те!

PERFEKTIV

подели́ть
раздели́ть

Imperfektives Verb

держа́ть
halten

INDIKATIV

Präsens		Präteritum		Futur / IMPF		
я	держу́	я	держа́л / держа́ла	я	бу́ду	держа́ть
ты	де́ржишь	ты	держа́л / держа́ла	ты	бу́дешь	держа́ть
он	де́ржит	он	держа́л	он	бу́дет	держа́ть
она́	де́ржит	она́	держа́ла	она́	бу́дет	держа́ть
оно́	де́ржит	оно́	держа́ло	оно́	бу́дет	держа́ть
мы	де́ржим	мы	держа́ли	мы	бу́дем	держа́ть
вы	де́ржите	вы	держа́ли	вы	бу́дете	держа́ть
они́	де́ржат	они́	держа́ли	они́	бу́дут	держа́ть

KONJUNKTIV

я держа́л / держа́ла бы
ты держа́л / держа́ла бы
он держа́л бы
она́ держа́ла бы
оно́ держа́ло бы
мы держа́ли бы
вы держа́ли бы
они́ держа́ли бы

PARTIZIPIEN

AP	**Präsens**	держа́
P	**Präs. Aktiv**	держа́щий
P	**Prät. Aktiv**	держа́вший

IMPERATIV

Держи́!
Держи́те!

PERFEKTIV

подержа́ть

Perfektives Verb

деть

hintun, hinlegen

INDIKATIV

Futur / PF		Präteritum	
я	дéну	я	дел / дéла
ты	дéнешь	ты	дел / дéла
он	дéнет	он	дел
онá	дéнет	онá	дéла
онó	дéнет	онó	дéло
мы	дéнем	мы	дéли
вы	дéнете	вы	дéли
онѝ	дéнут	онѝ	дéли

KONJUNKTIV

я	дел / дéла	бы
ты	дел / дéла	бы
он	дел	бы
онá	дéла	бы
онó	дéло	бы
мы	дéли	бы
вы	дéли	бы
онѝ	дéли	бы

PARTIZIPIEN

AP	**Präteritum**	дéвши
P	**Prät. Aktiv**	дéвший
P	**Prät. Passiv**	дéтый
Kurzformen		дéт
		дéта
		дéто
		дéты

IMPERATIV

День!
Дéньте!

IMPERFEKTIV

девáть → 51

Perfektives Verb

договори́ться

sich verabreden

INDIKATIV

Futur / PF		Präteritum	
я	договорю́сь	я	договори́лся / договори́лась
ты	договори́шься	ты	договори́лся / договори́лась
он	договори́тся	он	договори́лся
онá	договори́тся	онá	договори́лась
онó	договори́тся	онó	договори́лось
мы	договори́мся	мы	договори́лись
вы	договори́тесь	вы	договори́лись
онѝ	договоря́тся	онѝ	договори́лись

KONJUNKTIV

я	договори́лся/договори́лась	бы
ты	договори́лся/договори́лась	бы
он	договори́лся	бы
онá	договори́лась	бы
онó	договори́лось	бы
мы	договори́лись	бы
вы	договори́лись	бы
онѝ	договори́лись	бы

PARTIZIPIEN

AP	**Präteritum**	договори́вшись
P	**Prät. Aktiv**	договори́вшийся

IMPERATIV

Договори́сь!
Договори́тесь!

IMPERFEKTIV

догова́риваться

Imperfektives Verb

дра́ться

sich raufen

INDIKATIV

Präsens		Präteritum		Futur / IMPF		
я	деру́сь	я	дра́лся / драла́сь	я	бу́ду	дра́ться
ты	дерёшься	ты	дра́лся / драла́сь	ты	бу́дешь	дра́ться
он	дерётся	он	дра́лся	он	бу́дет	дра́ться
она́	дерётся	она́	драла́сь	она́	бу́дет	дра́ться
оно́	дерётся	оно́	дра́лось	оно́	бу́дет	дра́ться
мы	дерёмся	мы	дра́лись	мы	бу́дем	дра́ться
вы	дерётесь	вы	дра́лись	вы	бу́дете	дра́ться
они́	деру́тся	они́	дра́лись	они́	бу́дут	дра́ться

KONJUNKTIV

я	дра́лся / драла́сь бы
ты	дра́лся / драла́сь бы
он	дра́лся бы
она́	драла́сь бы
оно́	дра́лось бы
мы	дра́лись бы
вы	дра́лись бы
они́	дра́лись бы

PARTIZIPIEN

AP	**Präsens**	деря́сь
P	**Präs. Aktiv**	деру́щийся
P	**Prät. Aktiv**	дра́вшийся

IMPERATIV

Дери́сь!
Дери́тесь!

PERFEKTIV

подра́ться

Imperfektives Verb

дуть

wehen, blasen

INDIKATIV

Präsens		Präteritum		Futur / IMPF		
я	ду́ю	я	дул / ду́ла	я	бу́ду	дуть
ты	ду́ешь	ты	дул / ду́ла	ты	бу́дешь	дуть
он	ду́ет	он	дул	он	бу́дет	дуть
она́	ду́ет	она́	ду́ла	она́	бу́дет	дуть
оно́	ду́ет	оно́	ду́ло	оно́	бу́дет	дуть
мы	ду́ем	мы	ду́ли	мы	бу́дем	дуть
вы	ду́ете	вы	ду́ли	вы	бу́дете	дуть
они́	ду́ют	они́	ду́ли	они́	бу́дут	дуть

KONJUNKTIV

я	дул / ду́ла бы
ты	дул / ду́ла бы
он	дул бы
она́	ду́ла бы
оно́	ду́ло бы
мы	ду́ли бы
вы	ду́ли бы
они́	ду́ли бы

PARTIZIPIEN

AP	**Präsens**	ду́я
P	**Präs. Aktiv**	ду́ющий
P	**Prät. Aktiv**	ду́вший
P	**Prät. Passiv**	ду́тый (adj)

IMPERATIV

Ду́й!
Ду́йте!

PERFEKTIV

ду́нуть

Imperfektives Verb

дышáть

atmen

INDIKATIV

Präsens		Präteritum		Futur / IMPF		
я	дышý	я	дышáл / дышáла	я	бýду	дышáть
ты	дЫшишь	ты	дышáл / дышáла	ты	бýдешь	дышáть
он	дЫшит	он	дышáл	он	бýдет	дышáть
онá	дЫшит	онá	дышáла	онá	бýдет	дышáть
онó	дЫшит	онó	дышáло	онó	бýдет	дышáть
мы	дЫшим	мы	дышáли	мы	бýдем	дышáть
вы	дЫшите	вы	дышáли	вы	бýдете	дышáть
онú	дЫшат	онú	дышáли	онú	бýдут	дышáть

KONJUNKTIV

я	дышáл / дышáла бы
ты	дышáл / дышáла бы
он	дышáл бы
онá	дышáла бы
онó	дышáло бы
мы	дышáли бы
вы	дышáли бы
онú	дышáли бы

PARTIZIPIEN

AP	**Präsens**	дышá
P	**Präs. Aktiv**	дЫшащий
P	**Prät. Aktiv**	дышáвший

IMPERATIV

ДышИ!
ДышИте!

PERFEKTIV

подышáть

Imperfektives Verb

éздить UNBEST

fahren

INDIKATIV

Präsens		Präteritum		Futur / IMPF		
я	éзжу	я	éздил / éздила	я	бýду	éздить
ты	éздишь	ты	éздил / éздила	ты	бýдешь	éздить
он	éздит	он	éздил	он	бýдет	éздить
онá	éздит	онá	éздила	онá	бýдет	éздить
онó	éздит	онó	éздило	онó	бýдет	éздить
мы	éздим	мы	éздили	мы	бýдем	éздить
вы	éздите	вы	éздили	вы	бýдете	éздить
онú	éздят	онú	éздили	онú	бýдут	éздить

KONJUNKTIV

я	éздил / éздила бы
ты	éздил / éздила бы
он	éздил бы
онá	éздила бы
онó	éздило бы
мы	éздили бы
вы	éздили бы
онú	éздили бы

PARTIZIPIEN

AP	**Präsens**	éздя
P	**Präs. Aktiv**	éздящий
AP	**Präteritum**	éздив
P	**Prät. Aktiv**	éздивший

IMPERATIV

Éзди!
Éздите!

BESTIMMT

éхать → 62

Imperfektives Verb

есть
essen

INDIKATIV

Präsens		Präteritum		Futur / IMPF		
я	ем	я	ел / éла	я	бýду	есть
ты	ешь	ты	ел / éла	ты	бýдешь	есть
он	ест	он	ел	он	бýдет	есть
онá	ест	онá	éла	онá	бýдет	есть
онó	ест	онó	éло	онó	бýдет	есть
мы	едúм	мы	éли	мы	бýдем	есть
вы	едúте	вы	éли	вы	бýдете	есть
онú	едя́т	онú	éли	онú	бýдут	есть

KONJUNKTIV

я ел / éла бы
ты ел / éла бы
он ел бы
онá éла бы
онó éло бы
мы éли бы
вы éли бы
онú éли бы

PARTIZIPIEN

P	**Präs. Aktiv**	едя́щий
AP	**Präteritum**	éвши
P	**Prät. Aktiv**	éвший

IMPERATIV

Ешь!
Éшьте!

PERFEKTIV

съесть

Imperfektives Verb

éхать BEST
fahren

INDIKATIV

Präsens		Präteritum		Futur / IMPF		
я	éду	я	éхал / éхала	я	бýду	éхать
ты	éдешь	ты	éхал / éхала	ты	бýдешь	éхать
он	éдет	он	éхал	он	бýдет	éхать
онá	éдет	онá	éхала	онá	бýдет	éхать
онó	éдет	онó	éхало	онó	бýдет	éхать
мы	éдем	мы	éхали	мы	бýдем	éхать
вы	éдете	вы	éхали	вы	бýдете	éхать
онú	éдут	онú	éхали	онú	бýдут	éхать

KONJUNKTIV

я éхал / éхала бы
ты éхал / éхала бы
он éхал бы
онá éхала бы
онó éхало бы
мы éхали бы
вы éхали бы
онú éхали бы

PARTIZIPIEN

P	**Präs. Aktiv**	éдущий
AP	**Präteritum**	éхав
P	**Prät. Aktiv**	éхавший

IMPERATIV

Езжáй! oder
Поезжáй!
Езжáйте! oder
Поезжáйте!

UNBESTIMMT

éздить → 60

Imperfektives Verb

жале́ть

bedauern

INDIKATIV

Präsens		Präteritum		Futur / IMPF		
я	жале́ю	я	жале́л / жале́ла	я	бу́ду	жале́ть
ты	жале́ешь	ты	жале́л / жале́ла	ты	бу́дешь	жале́ть
он	жале́ет	он	жале́л	он	бу́дет	жале́ть
она́	жале́ет	она́	жале́ла	она́	бу́дет	жале́ть
оно́	жале́ет	оно́	жале́ло	оно́	бу́дет	жале́ть
мы	жале́ем	мы	жале́ли	мы	бу́дем	жале́ть
вы	жале́ете	вы	жале́ли	вы	бу́дете	жале́ть
они́	жале́ют	они́	жале́ли	они́	бу́дут	жале́ть

KONJUNKTIV

я жале́л / жале́ла бы
ты жале́л / жале́ла бы
он жале́л бы
она́ жале́ла бы
оно́ жале́ло бы
мы жале́ли бы
вы жале́ли бы
они́ жале́ли бы

PARTIZIPIEN

AP	**Präsens**	жале́я
P	**Präs. Aktiv**	жале́ющий
P	**Präs. Passiv**	жале́емый
P	**Prät. Aktiv**	жале́вший

IMPERATIV

Жале́й!
Жале́йте!

PERFEKTIV

пожале́ть

Imperfektives Verb

жа́ловаться

sich beschweren, klagen

INDIKATIV

Präsens		Präteritum		Futur / IMPF		
я	жа́луюсь	я	жа́ловался / жа́ловалась	я	бу́ду	жа́ловаться
ты	жа́луешься	ты	жа́ловался / жа́ловалась	ты	бу́дешь	жа́ловаться
он	жа́луется	он	жа́ловался	он	бу́дет	жа́ловаться
она́	жа́луется	она́	жа́ловалась	она́	бу́дет	жа́ловаться
оно́	жа́луется	оно́	жа́ловалось	оно́	бу́дет	жа́ловаться
мы	жа́луемся	мы	жа́ловались	мы	бу́дем	жа́ловаться
вы	жа́луетесь	вы	жа́ловались	вы	бу́дете	жа́ловаться
они́	жа́луются	они́	жа́ловались	они́	бу́дут	жа́ловаться

KONJUNKTIV

я жа́ловался / жа́ловалась бы
ты жа́ловался / жа́ловалась бы
он жа́ловался бы
она́ жа́ловалась бы
оно́ жа́ловалось бы
мы жа́ловались бы
вы жа́ловались бы
они́ жа́ловались бы

PARTIZIPIEN

AP	**Präsens**	жа́луясь
P	**Präs. Aktiv**	жа́лующийся
P	**Prät. Aktiv**	жа́ловавшийся

IMPERATIV

Жа́луйся!
Жа́луйтесь!

PERFEKTIV

пожа́ловаться

Imperfektives Verb

жáрить

braten

INDIKATIV

Präsens		Präteritum		Futur / IMPF		
я	жáрю	я	жáрил / жáрила	я	бýду	жáрить
ты	жáришь	ты	жáрил / жáрила	ты	бýдешь	жáрить
он	жáрит	он	жáрил	он	бýдет	жáрить
онá	жáрит	онá	жáрила	онá	бýдет	жáрить
онó	жáрит	онó	жáрило	онó	бýдет	жáрить
мы	жáрим	мы	жáрили	мы	бýдем	жáрить
вы	жáрите	вы	жáрили	вы	бýдете	жáрить
онú	жáрят	онú	жáрили	онú	бýдут	жáрить

KONJUNKTIV

я	жáрил / жáрила	бы
ты	жáрил / жáрила	бы
он	жáрил	бы
онá	жáрила	бы
онó	жáрило	бы
мы	жáрили	бы
вы	жáрили	бы
онú	жáрили	бы

PARTIZIPIEN

AP	**Präsens**	жáря
P	**Präs. Aktiv**	жáрящий
P	**Prät. Aktiv**	жáривший
P	**Prät. Passiv**	жáреный (adj)

IMPERATIV

Жарь!
Жáрьте!

PERFEKTIV

поджáрить

Imperfektives Verb

ждать

warten

INDIKATIV

Präsens		Präteritum		Futur / IMPF		
я	жду	я	ждал / ждалá	я	бýду	ждать
ты	ждёшь	ты	ждал / ждалá	ты	бýдешь	ждать
он	ждёт	он	ждал	он	бýдет	ждать
онá	ждёт	онá	ждалá	онá	бýдет	ждать
онó	ждёт	онó	ждáло	онó	бýдет	ждать
мы	ждём	мы	ждáли	мы	бýдем	ждать
вы	ждёте	вы	ждáли	вы	бýдете	ждать
онú	ждут	онú	ждáли	онú	бýдут	ждать

KONJUNKTIV

я	ждал / ждалá	бы
ты	ждал / ждалá	бы
он	ждал	бы
онá	ждалá	бы
онó	ждáло	бы
мы	ждáли	бы
вы	ждáли	бы
онú	ждáли	бы

PARTIZIPIEN

P	**Präs. Aktiv**	ждýщий
AP	**Präteritum**	ждав
P	**Prät. Aktiv**	ждáвший
P	**Prät. Passiv**	ждáнный

IMPERATIV

Жди!
Ждúте!

PERFEKTIV

—

Imperfektives Verb

жевáть
kauen

INDIKATIV

Präsens		Präteritum		Futur / IMPF		
я	жую́	я	жевáл / жевáла	я	бýду	жевáть
ты	жуёшь	ты	жевáл / жевáла	ты	бýдешь	жевáть
он	жуёт	он	жевáл	он	бýдет	жевáть
онá	жуёт	онá	жевáла	онá	бýдет	жевáть
онó	жуёт	онó	жевáло	онó	бýдет	жевáть
мы	жуём	мы	жевáли	мы	бýдем	жевáть
вы	жуёте	вы	жевáли	вы	бýдете	жевáть
онú	жую́т	онú	жевáли	онú	бýдут	жевáть

KONJUNKTIV

я	жевáл / жевáла	бы
ты	жевáл / жевáла	бы
он	жевáл	бы
онá	жевáла	бы
онó	жевáло	бы
мы	жевáли	бы
вы	жевáли	бы
онú	жевáли	бы

PARTIZIPIEN

AP	**Präsens**	жуя́
P	**Präs. Aktiv**	жую́щий
AP	**Präteritum**	жевáв
P	**Prät. Aktiv**	жевáвший
P	**Prät. Passiv**	жёванный

IMPERATIV

Жуй!
Жýйте!

PERFEKTIV

сжевáть

Imperfektives Verb

жить
leben

INDIKATIV

Präsens		Präteritum		Futur / IMPF		
я	живý	я	жил / жилá	я	бýду	жить
ты	живёшь	ты	жил / жилá	ты	бýдешь	жить
он	живёт	он	жил	он	бýдет	жить
онá	живёт	онá	жилá	онá	бýдет	жить
онó	живёт	онó	жúло	онó	бýдет	жить
мы	живём	мы	жúли	мы	бýдем	жить
вы	живёте	вы	жúли	вы	бýдете	жить
онú	живýт	онú	жúли	онú	бýдут	жить

KONJUNKTIV

я	жил / жилá	бы
ты	жил / жилá	бы
он	жил	бы
онá	жилá	бы
онó	жúло	бы
мы	жúли	бы
вы	жúли	бы
онú	жúли	бы

PARTIZIPIEN

AP	**Präsens**	живя́
P	**Präs. Aktiv**	живýщий
P	**Prät. Aktiv**	жúвший

IMPERATIV

Живú!
Живúте!

PERFEKTIV

—

забы́ть

vergessen

INDIKATIV

Futur / PF		Präteritum	
я	забу́ду	я	забы́л / забы́ла
ты	забу́дешь	ты	забы́л / забы́ла
он	забу́дет	он	забы́л
она́	забу́дет	она́	забы́ла
оно́	забу́дет	оно́	забы́ло
мы	забу́дем	мы	забы́ли
вы	забу́дете	вы	забы́ли
они́	забу́дут	они́	забы́ли

KONJUNKTIV

я	забы́л / забы́ла	бы
ты	забы́л / забы́ла	бы
он	забы́л	бы
она́	забы́ла	бы
оно́	забы́ло	бы
мы	забы́ли	бы
вы	забы́ли	бы
они́	забы́ли	бы

PARTIZIPIEN

AP	**Präteritum**	забы́в
P	**Prät. Aktiv**	забы́вший
P	**Prät. Passiv**	забы́тый
Kurzformen		забы́т
		забы́та
		забы́то
		забы́ты

IMPERATIV

Забу́дь!
Забу́дьте!

IMPERFEKTIV

забыва́ть

зави́сеть

abhängen

INDIKATIV

Präsens		Präteritum		Futur / IMPF		
я	завишу́	я	зави́сел / зави́села	я	бу́ду	зави́сеть
ты	зави́сишь	ты	зави́сел / зави́села	ты	бу́дешь	зави́сеть
он	зави́сит	он	зави́сел	он	бу́дет	зави́сеть
она́	зави́сит	она́	зави́села	она́	бу́дет	зави́сеть
оно́	зави́сит	оно́	зави́село	оно́	бу́дет	зави́сеть
мы	зави́сим	мы	зави́сели	мы	бу́дем	зави́сеть
вы	зави́сите	вы	зави́сели	вы	бу́дете	зави́сеть
они́	зави́сят	они́	зави́сели	они́	бу́дут	зави́сеть

KONJUNKTIV

я	зави́сел / зави́села	бы
ты	зави́сел / зави́села	бы
он	зави́сел	бы
она́	зави́села	бы
оно́	зави́село	бы
мы	зави́сели	бы
вы	зави́сели	бы
они́	зави́сели	бы

PARTIZIPIEN

AP	**Präsens**	зави́ся
P	**Präs. Aktiv**	зави́сящий
P	**Prät. Aktiv**	зави́севший

IMPERATIV

—
—

PERFEKTIV

—

Perfektives Verb

заказа́ть

bestellen

INDIKATIV

Futur / PF		Präteritum	
я	закажу́	я	заказа́л / заказа́ла
ты	зака́жешь	ты	заказа́л / заказа́ла
он	зака́жет	он	заказа́л
она́	зака́жет	она́	заказа́ла
оно́	зака́жет	оно́	заказа́ло
мы	зака́жем	мы	заказа́ли
вы	зака́жете	вы	заказа́ли
они́	зака́жут	они́	заказа́ли

KONJUNKTIV

я	заказа́л / заказа́ла	бы
ты	заказа́л / заказа́ла	бы
он	заказа́л	бы
она́	заказа́ла	бы
оно́	заказа́ло	бы
мы	заказа́ли	бы
вы	заказа́ли	бы
они́	заказа́ли	бы

PARTIZIPIEN

AP	**Präteritum**	заказа́в
P	**Prät. Aktiv**	заказа́вший
P	**Prät. Passiv**	зака́занный
Kurzformen		зака́зан
		зака́зана
		зака́зано
		зака́заны

IMPERATIV

Закажи́!
Закажи́те!

IMPERFEKTIV

зака́зывать

Perfektives Verb

закры́ть

schließen

INDIKATIV

Futur / PF		Präteritum	
я	закро́ю	я	закры́л / закры́ла
ты	закро́ешь	ты	закры́л / закры́ла
он	закро́ет	он	закры́л
она́	закро́ет	она́	закры́ла
оно́	закро́ет	оно́	закры́ло
мы	закро́ем	мы	закры́ли
вы	закро́ете	вы	закры́ли
они́	закро́ют	они́	закры́ли

KONJUNKTIV

я	закры́л / закры́ла	бы
ты	закры́л / закры́ла	бы
он	закры́л	бы
она́	закры́ла	бы
оно́	закры́ло	бы
мы	закры́ли	бы
вы	закры́ли	бы
они́	закры́ли	бы

PARTIZIPIEN

AP	**Präteritum**	закры́в
P	**Prät. Aktiv**	закры́вший
P	**Prät. Passiv**	закры́тый
Kurzformen		закры́т
		закры́та
		закры́то
		закры́ты

IMPERATIV

Закро́й!
Закро́йте!

IMPERFEKTIV

закрыва́ть

защити́ть

(be)schützen

INDIKATIV

Futur / PF		**Präteritum**	
я	защищу́	я	защити́л / защити́ла
ты	защити́шь	ты	защити́л / защити́ла
он	защити́т	он	защити́л
она́	защити́т	она́	защити́ла
оно́	защити́т	оно́	защити́ло
мы	защити́м	мы	защити́ли
вы	защити́те	вы	защити́ли
они́	защитя́т	они́	защити́ли

KONJUNKTIV

я	защити́л / защити́ла	бы
ты	защити́л / защити́ла	бы
он	защити́л	бы
она́	защити́ла	бы
оно́	защити́ло	бы
мы	защити́ли	бы
вы	защити́ли	бы
они́	защити́ли	бы

PARTIZIPIEN

AP	**Präteritum**	защити́в
P	**Prät. Aktiv**	защити́вший
P	**Prät. Passiv**	защищённый
Kurzformen		защищён
		защищена́
		защищено́
		защищены́

IMPERATIV

Защити́!
Защити́те!

IMPERFEKTIV

защища́ть

звать

rufen

INDIKATIV

Präsens		**Präteritum**		**Futur** / IMPF		
я	зову́	я	звал / звала́	я	бу́ду	звать
ты	зовёшь	ты	звал / звала́	ты	бу́дешь	звать
он	зовёт	он	звал	он	бу́дет	звать
она́	зовёт	она́	звала́	она́	бу́дет	звать
оно́	зовёт	оно́	зва́ло	оно́	бу́дет	звать
мы	зовём	мы	зва́ли	мы	бу́дем	звать
вы	зовёте	вы	зва́ли	вы	бу́дете	звать
они́	зову́т	они́	зва́ли	они́	бу́дут	звать

KONJUNKTIV

я	звал / звала́ бы	
ты	звал / звала́ бы	
он	звал	бы
она́	звала́ бы	
оно́	зва́ло бы	
мы	зва́ли бы	
вы	зва́ли бы	
они́	зва́ли бы	

PARTIZIPIEN

AP	**Präsens**	зовя́
P	**Präs. Aktiv**	зову́щий
P	**Prät. Aktiv**	зва́вший
P	**Prät. Passiv**	зва́нный
Kurzformen		зван
		звана́
		зва́но
		зва́ны

IMPERATIV

Зови́!
Зови́те!

PERFEKTIV

позва́ть

Imperfektives Verb

звони́ть

anrufen; läuten

INDIKATIV

Präsens

я	звоню́
ты	звони́шь
он	звони́т
она́	звони́т
оно́	звони́т
мы	звони́м
вы	звони́те
они́	звоня́т

Präteritum

я	звони́л / звони́ла
ты	звони́л / звони́ла
он	звони́л
она́	звони́ла
оно́	звони́ло
мы	звони́ли
вы	звони́ли
они́	звони́ли

Futur / IMPF

я	бу́ду	звони́ть
ты	бу́дешь	звони́ть
он	бу́дет	звони́ть
она́	бу́дет	звони́ть
оно́	бу́дет	звони́ть
мы	бу́дем	звони́ть
вы	бу́дете	звони́ть
они́	бу́дут	звони́ть

KONJUNKTIV

я	звони́л / звони́ла бы
ты	звони́л / звони́ла бы
он	звони́л бы
она́	звони́ла бы
оно́	звони́ло бы
мы	звони́ли бы
вы	звони́ли бы
они́	звони́ли бы

PARTIZIPIEN

AP	**Präsens**	звоня́
P	**Präs. Aktiv**	звоня́щий
P	**Prät. Aktiv**	звони́вший

IMPERATIV

Звони́!
Звони́те!

PERFEKTIV

позвони́ть

Imperfektives Verb

знать

kennen, wissen

INDIKATIV

Präsens

я	зна́ю
ты	зна́ешь
он	зна́ет
она́	зна́ет
оно́	зна́ет
мы	зна́ем
вы	зна́ете
они́	зна́ют

Präteritum

я	знал / зна́ла
ты	знал / зна́ла
он	знал
она́	зна́ла
оно́	зна́ло
мы	зна́ли
вы	зна́ли
они́	зна́ли

Futur / IMPF

я	бу́ду	знать
ты	бу́дешь	знать
он	бу́дет	знать
она́	бу́дет	знать
оно́	бу́дет	знать
мы	бу́дем	знать
вы	бу́дете	знать
они́	бу́дут	знать

KONJUNKTIV

я	знал / зна́ла бы
ты	знал / зна́ла бы
он	знал бы
она́	зна́ла бы
оно́	зна́ло бы
мы	зна́ли бы
вы	зна́ли бы
они́	зна́ли бы

PARTIZIPIEN

AP	**Präsens**	зна́я
P	**Präs. Aktiv**	зна́ющий
P	**Präs. Passiv**	зна́емый
AP	**Präteritum**	знав
P	**Prät. Aktiv**	зна́вший

IMPERATIV

Знай!
Зна́йте!

PERFEKTIV

узна́ть

Imperfektives Verb

игра́ть
spielen

INDIKATIV

Präsens		Präteritum		Futur / IMPF		
я	игра́ю	я	игра́л / игра́ла	я	бу́ду	игра́ть
ты	игра́ешь	ты	игра́л / игра́ла	ты	бу́дешь	игра́ть
он	игра́ет	он	игра́л	он	бу́дет	игра́ть
она́	игра́ет	она́	игра́ла	она́	бу́дет	игра́ть
оно́	игра́ет	оно́	игра́ло	оно́	бу́дет	игра́ть
мы	игра́ем	мы	игра́ли	мы	бу́дем	игра́ть
вы	игра́ете	вы	игра́ли	вы	бу́дете	игра́ть
они́	игра́ют	они́	игра́ли	они́	бу́дут	игра́ть

KONJUNKTIV

я	игра́л / игра́ла	бы
ты	игра́л / игра́ла	бы
он	игра́л	бы
она́	игра́ла	бы
оно́	игра́ло	бы
мы	игра́ли	бы
вы	игра́ли	бы
они́	игра́ли	бы

PARTIZIPIEN

AP	**Präsens**	игра́я
P	**Präs. Aktiv**	игра́ющий
P	**Präs. Passiv**	игра́емый
AP	**Präteritum**	игра́в
P	**Prät. Aktiv**	игра́вший

IMPERATIV

Игра́й!
Игра́йте!

PERFEKTIV

сыгра́ть

Imperfektives Verb

идти́ BEST
gehen

INDIKATIV

Präsens		Präteritum		Futur / IMPF		
я	иду́	я	шёл / шла	я	бу́ду	идти́
ты	идёшь	ты	шёл / шла	ты	бу́дешь	идти́
он	идёт	он	шёл	он	бу́дет	идти́
она́	идёт	она́	шла	она́	бу́дет	идти́
оно́	идёт	оно́	шло	оно́	бу́дет	идти́
мы	идём	мы	шли	мы	бу́дем	идти́
вы	идёте	вы	шли	вы	бу́дете	идти́
они́	иду́т	они́	шли	они́	бу́дут	идти́

KONJUNKTIV

я	шёл / шла	бы
ты	шёл / шла	бы
он	шёл	бы
она́	шла	бы
оно́	шло	бы
мы	шли	бы
вы	шли	бы
они́	шли	бы

PARTIZIPIEN

AP	**Präsens**	идя́
P	**Präs. Aktiv**	иду́щий
P	**Prät. Aktiv**	ше́дший

IMPERATIV

Иди́!
Иди́те!

UNBESTIMMT

ходи́ть → 198

Imperfektives Verb

интересова́ться

sich interessieren

INDIKATIV

Präsens		Präteritum		Futur / IMPF		
я	интересу́юсь	я	интересова́лся / интересова́лась	я	бу́ду	интересова́ться
ты	интересу́ешься	ты	интересова́лся / интересова́лась	ты	бу́дешь	интересова́ться
он	интересу́ется	он	интересова́лся	он	бу́дет	интересова́ться
она́	интересу́ется	она́	интересова́лась	она́	бу́дет	интересова́ться
оно́	интересу́ется	оно́	интересова́лось	оно́	бу́дет	интересова́ться
мы	интересу́емся	мы	интересова́лись	мы	бу́дем	интересова́ться
вы	интересу́етесь	вы	интересова́лись	вы	бу́дете	интересова́ться
они́	интересу́ются	они́	интересова́лись	они́	бу́дут	интересова́ться

KONJUNKTIV

я	интересова́лся / -лась	бы
ты	интересова́лся / -лась	бы
он	интересова́лся	бы
она́	интересова́лась	бы
оно́	интересова́лось	бы
мы	интересова́лись	бы
вы	интересова́лись	бы
они́	интересова́лись	бы

PARTIZIPIEN

AP	**Präsens**	интересу́ясь
P	**Präs. Aktiv**	интересу́ющийся
P	**Prät. Aktiv**	интересова́вшийся

IMPERATIV

Интересу́йся!
Интересу́йтесь!

PERFEKTIV

поинтересо-ва́ться

Imperfektives Verb

иска́ть

suchen

INDIKATIV

Präsens		Präteritum		Futur / IMPF		
я	ищу́	я	иска́л / иска́ла	я	бу́ду	иска́ть
ты	и́щешь	ты	иска́л / иска́ла	ты	бу́дешь	иска́ть
он	и́щет	он	иска́л	он	бу́дет	иска́ть
она́	и́щет	она́	иска́ла	она́	бу́дет	иска́ть
оно́	и́щет	оно́	иска́ло	оно́	бу́дет	иска́ть
мы	и́щем	мы	иска́ли	мы	бу́дем	иска́ть
вы	и́щете	вы	иска́ли	вы	бу́дете	иска́ть
они́	и́щут	они́	иска́ли	они́	бу́дут	иска́ть

KONJUNKTIV

я	иска́л / иска́ла	бы
ты	иска́л / иска́ла	бы
он	иска́л	бы
она́	иска́ла	бы
оно́	иска́ло	бы
мы	иска́ли	бы
вы	иска́ли	бы
они́	иска́ли	бы

PARTIZIPIEN

AP	**Präsens**	ища́
P	**Präs. Aktiv**	и́щущий
P	**Präs. Passiv**	иско́мый
P	**Prät. Aktiv**	иска́вший

IMPERATIV

Ищи́!
Ищи́те!

PERFEKTIV

поиска́ть

Perfektives Verb

исчéзнуть

verschwinden

INDIKATIV

Futur / PF		**Präteritum**	
я	исчéзну	я	исчéз / исчéзла
ты	исчéзнешь	ты	исчéз / исчéзла
он	исчéзнет	он	исчéз
онá	исчéзнет	онá	исчéзла
онó	исчéзнет	онó	исчéзло
мы	исчéзнем	мы	исчéзли
вы	исчéзнете	вы	исчéзли
они́	исчéзнут	они́	исчéзли

KONJUNKTIV

я	исчéз / исчéзла бы
ты	исчéз / исчéзла бы
он	исчéз бы
онá	исчéзла бы
онó	исчéзло бы
мы	исчéзли бы
вы	исчéзли бы
они́	исчéзли бы

PARTIZIPIEN

AP	**Präteritum**	исчéзнув
P	**Prät. Aktiv**	исчéзнувший

IMPERATIV

Исчéзни!
Исчéзните!

IMPERFEKTIV

исчезáть

Imperfektives Verb

кати́ть BEST

wälzen, rollen

INDIKATIV

Präsens		**Präteritum**		**Futur** / IMPF		
я	качу́	я	кати́л / кати́ла	я	бу́ду	кати́ть
ты	кáтишь	ты	кати́л / кати́ла	ты	бу́дешь	кати́ть
он	кáтит	он	кати́л	он	бу́дет	кати́ть
онá	кáтит	онá	кати́ла	онá	бу́дет	кати́ть
онó	кáтит	онó	кати́ло	онó	бу́дет	кати́ть
мы	кáтим	мы	кати́ли	мы	бу́дем	кати́ть
вы	кáтите	вы	кати́ли	вы	бу́дете	кати́ть
они́	кáтят	они́	кати́ли	они́	бу́дут	кати́ть

KONJUNKTIV

я	кати́л / кати́ла бы
ты	кати́л / кати́ла бы
он	кати́л бы
онá	кати́ла бы
онó	кати́ло бы
мы	кати́ли бы
вы	кати́ли бы
они́	кати́ли бы

PARTIZIPIEN

AP	**Präsens**	катя́
P	**Präs. Aktiv**	катя́щий
P	**Prät. Aktiv**	кати́вший

IMPERATIV

Кати́!
Кати́те!

UNBESTIMMT

катáть

Imperfektives Verb

кипе́ть

kochen, sieden ITR

INDIKATIV

Präsens		Präteritum		Futur / IMPF		
я	киплю́	я	кипе́л / кипе́ла	я	бу́ду	кипе́ть
ты	кипи́шь	ты	кипе́л / кипе́ла	ты	бу́дешь	кипе́ть
он	кипи́т	он	кипе́л	он	бу́дет	кипе́ть
она́	кипи́т	она́	кипе́ла	она́	бу́дет	кипе́ть
оно́	кипи́т	оно́	кипе́ло	оно́	бу́дет	кипе́ть
мы	кипи́м	мы	кипе́ли	мы	бу́дем	кипе́ть
вы	кипи́те	вы	кипе́ли	вы	бу́дете	кипе́ть
они́	кипя́т	они́	кипе́ли	они́	бу́дут	кипе́ть

KONJUNKTIV

я	кипе́л / кипе́ла	бы
ты	кипе́л / кипе́ла	бы
он	кипе́л	бы
она́	кипе́ла	бы
оно́	кипе́ло	бы
мы	кипе́ли	бы
вы	кипе́ли	бы
они́	кипе́ли	бы

PARTIZIPIEN

AP	**Präsens**	кипя́
P	**Präs. Aktiv**	кипя́щий
P	**Prät. Aktiv**	кипе́вший

IMPERATIV

Кипи́!
Кипи́те!

PERFEKTIV

закипе́ть
вскипе́ть

Imperfektives Verb

кипяти́ть

(ab)kochen

INDIKATIV

Präsens		Präteritum		Futur / IMPF		
я	кипячу́	я	кипяти́л / кипяти́ла	я	бу́ду	кипяти́ть
ты	кипяти́шь	ты	кипяти́л / кипяти́ла	ты	бу́дешь	кипяти́ть
он	кипяти́т	он	кипяти́л	он	бу́дет	кипяти́ть
она́	кипяти́т	она́	кипяти́ла	она́	бу́дет	кипяти́ть
оно́	кипяти́т	оно́	кипяти́ло	оно́	бу́дет	кипяти́ть
мы	кипяти́м	мы	кипяти́ли	мы	бу́дем	кипяти́ть
вы	кипяти́те	вы	кипяти́ли	вы	бу́дете	кипяти́ть
они́	кипятя́т	они́	кипяти́ли	они́	бу́дут	кипяти́ть

KONJUNKTIV

я	кипяти́л / кипяти́ла	бы
ты	кипяти́л / кипяти́ла	бы
он	кипяти́л	бы
она́	кипяти́ла	бы
оно́	кипяти́ло	бы
мы	кипяти́ли	бы
вы	кипяти́ли	бы
они́	кипяти́ли	бы

PARTIZIPIEN

AP	**Präsens**	кипятя́
P	**Präs. Aktiv**	кипятя́щий
P	**Präs. Passiv**	кипяти́мый
P	**Prät. Aktiv**	кипяти́вший
P	**Prät. Passiv**	кипячённый (adj)
Kurzformen		кипячён
		кипячена́
		кипячено́
		кипячены́

IMPERATIV

Кипяти́!
Кипяти́те!

PERFEKTIV

вскипяти́ть

класть
legen

INDIKATIV

Präsens		Präteritum		Futur / IMPF		
я	кладу́	я	клал / кла́ла	я	бу́ду	класть
ты	кладёшь	ты	клал / кла́ла	ты	бу́дешь	класть
он	кладёт	он	клал	он	бу́дет	класть
она́	кладёт	она́	кла́ла	она́	бу́дет	класть
оно́	кладёт	оно́	кла́ло	оно́	бу́дет	класть
мы	кладём	мы	кла́ли	мы	бу́дем	класть
вы	кладёте	вы	кла́ли	вы	бу́дете	класть
они́	кладу́т	они́	кла́ли	они́	бу́дут	класть

KONJUNKTIV

я	клал / кла́ла	бы
ты	клал / кла́ла	бы
он	клал	бы
она́	кла́ла	бы
оно́	кла́ло	бы
мы	кла́ли	бы
вы	кла́ли	бы
они́	кла́ли	бы

PARTIZIPIEN

AP	**Präsens**	кладя́
P	**Präs. Aktiv**	кладу́щий
P	**Prät. Aktiv**	кла́вший

IMPERATIV

Клади́!
Клади́те!

PERFEKTIV

положи́ть
→ 142

клева́ть
picken

INDIKATIV

Präsens		Präteritum		Futur / IMPF		
я	клюю́	я	клева́л / клева́ла	я	бу́ду	клева́ть
ты	клюёшь	ты	клева́л / клева́ла	ты	бу́дешь	клева́ть
он	клюёт	он	клева́л	он	бу́дет	клева́ть
она́	клюёт	она́	клева́ла	она́	бу́дет	клева́ть
оно́	клюёт	оно́	клева́ло	оно́	бу́дет	клева́ть
мы	клюём	мы	клева́ли	мы	бу́дем	клева́ть
вы	клюёте	вы	клева́ли	вы	бу́дете	клева́ть
они́	клюю́т	они́	клева́ли	они́	бу́дут	клева́ть

KONJUNKTIV

я	клева́л / клева́ла	бы
ты	клева́л / клева́ла	бы
он	клева́л	бы
она́	клева́ла	бы
оно́	клева́ло	бы
мы	клева́ли	бы
вы	клева́ли	бы
они́	клева́ли	бы

PARTIZIPIEN

AP	**Präsens**	клюя́
P	**Präs. Aktiv**	клюю́щий
P	**Prät. Aktiv**	клева́вший

IMPERATIV

Клюй!
Клю́йте!

PERFEKTIV

клю́нуть

Imperfektives Verb

ковáть

schmieden

INDIKATIV

Präsens		Präteritum		Futur / IMPF		
я	кую	я	ковáл / ковáла	я	бýду	ковáть
ты	куёшь	ты	ковáл / ковáла	ты	бýдешь	ковáть
он	куёт	он	ковáл	он	бýдет	ковáть
онá	куёт	онá	ковáла	онá	бýдет	ковáть
онó	куёт	онó	ковáло	онó	бýдет	ковáть
мы	куём	мы	ковáли	мы	бýдем	ковáть
вы	куёте	вы	ковáли	вы	бýдете	ковáть
они́	куют	они́	ковáли	они́	бýдут	ковáть

KONJUNKTIV

я ковáл / ковáла бы
ты ковáл / ковáла бы
он ковáл бы
онá ковáла бы
онó ковáло бы
мы ковáли бы
вы ковáли бы
они́ ковáли бы

PARTIZIPIEN

AP	**Präsens**	куя́
P	**Präs. Aktiv**	кующий
P	**Prät. Aktiv**	ковáвший
P	**Prät. Passiv**	кóваный (adj)

IMPERATIV

Куй!
Кýте!

PERFEKTIV

сковáть

Imperfektives Verb

колóть

1. stechen; 2. spalten

INDIKATIV

Präsens		Präteritum		Futur / IMPF		
я	колю	я	колóл / колóла	я	бýду	колóть
ты	кóлешь	ты	колóл / колóла	ты	бýдешь	колóть
он	кóлет	он	колóл	он	бýдет	колóть
онá	кóлет	онá	колóла	онá	бýдет	колóть
онó	кóлет	онó	колóло	онó	бýдет	колóть
мы	кóлем	мы	колóли	мы	бýдем	колóть
вы	кóлете	вы	колóли	вы	бýдете	колóть
они́	кóлют	они́	колóли	они́	бýдут	колóть

KONJUNKTIV

я колóл / колóла бы
ты колóл / колóла бы
он колóл бы
онá колóла бы
онó колóло бы
мы колóли бы
вы колóли бы
они́ колóли бы

PARTIZIPIEN

AP	**Präsens**	коля́
P	**Präs. Aktiv**	кóлющий
P	**Prät. Aktiv**	колóвший
P	**Prät. Passiv**	кóлотый

IMPERATIV

Коли́!
Коли́те!

PERFEKTIВ

1. кольнýть
уколóть
2. расколóть

ко́нчить

aufhören, beenden

INDIKATIV

Futur / PF		Präteritum	
я	ко́нчу	я	ко́нчил / ко́нчила
ты	ко́нчишь	ты	ко́нчил / ко́нчила
он	ко́нчит	он	ко́нчил
она́	ко́нчит	она́	ко́нчила
оно́	ко́нчит	оно́	ко́нчило
мы	ко́нчим	мы	ко́нчили
вы	ко́нчите	вы	ко́нчили
они́	ко́нчат	они́	ко́нчили

KONJUNKTIV

я	ко́нчил / ко́нчила бы
ты	ко́нчил / ко́нчила бы
он	ко́нчил бы
она́	ко́нчила бы
оно́	ко́нчило бы
мы	ко́нчили бы
вы	ко́нчили бы
они́	ко́нчили бы

PARTIZIPIEN

AP	**Präteritum**	ко́нчив
P	**Prät. Aktiv**	ко́нчивший
P	**Prät. Passiv**	ко́нченый (adj)

IMPERATIV

Ко́нчи!
Ко́нчите!

IMPERFEKTIV

конча́ть

копа́ть

graben

INDIKATIV

Präsens		Präteritum		Futur / IMPF		
я	копа́ю	я	копа́л / копа́ла	я	бу́ду	копа́ть
ты	копа́ешь	ты	копа́л / копа́ла	ты	бу́дешь	копа́ть
он	копа́ет	он	копа́л	он	бу́дет	копа́ть
она́	копа́ет	она́	копа́ла	она́	бу́дет	копа́ть
оно́	копа́ет	оно́	копа́ло	оно́	бу́дет	копа́ть
мы	копа́ем	мы	копа́ли	мы	бу́дем	копа́ть
вы	копа́ете	вы	копа́ли	вы	бу́дете	копа́ть
они́	копа́ют	они́	копа́ли	они́	бу́дут	копа́ть

KONJUNKTIV

я	копа́л / копа́ла бы
ты	копа́л / копа́ла бы
он	копа́л бы
она́	копа́ла бы
оно́	копа́ло бы
мы	копа́ли бы
вы	копа́ли бы
они́	копа́ли бы

PARTIZIPIEN

AP	**Präsens**	копа́я
P	**Präs. Aktiv**	копа́ющий
P	**Präs. Passiv**	копа́емый
P	**Prät. Aktiv**	копа́вший

IMPERATIV

Копа́й!
Копа́йте!

PERFEKTIV

вы́копать

Imperfektives Verb

копи́ть

ansammeln

INDIKATIV

Präsens		Präteritum		Futur / IMPF		
я	коплю́	я	копи́л / копи́ла	я	бу́ду	копи́ть
ты	ко́пишь	ты	копи́л / копи́ла	ты	бу́дешь	копи́ть
он	ко́пит	он	копи́л	он	бу́дет	копи́ть
она́	ко́пит	она́	копи́ла	она́	бу́дет	копи́ть
оно́	ко́пит	оно́	копи́ло	оно́	бу́дет	копи́ть
мы	ко́пим	мы	копи́ли	мы	бу́дем	копи́ть
вы	ко́пите	вы	копи́ли	вы	бу́дете	копи́ть
они́	ко́пят	они́	копи́ли	они́	бу́дут	копи́ть

KONJUNKTIV

я	копи́л / копи́ла бы
ты	копи́л / копи́ла бы
он	копи́л бы
она́	копи́ла бы
оно́	копи́ло бы
мы	копи́ли бы
вы	копи́ли бы
они́	копи́ли бы

PARTIZIPIEN

AP	**Präsens**	копя́
P	**Präs. Aktiv**	копя́щий
P	**Präs. Passiv**	копи́мый
P	**Prät. Aktiv**	копи́вший
P	**Prät. Passiv**	ко́пленный

IMPERATIV

Копи́!
Копи́те!

PERFEKTIV

накопи́ть
скопи́ть

Imperfektives Verb

красть

stehlen

INDIKATIV

Präsens		Präteritum		Futur / IMPF		
я	краду́	я	крал / кра́ла	я	бу́ду	красть
ты	крадёшь	ты	крал / кра́ла	ты	бу́дешь	красть
он	крадёт	он	крал	он	бу́дет	красть
она́	крадёт	она́	кра́ла	она́	бу́дет	красть
оно́	крадёт	оно́	кра́ло	оно́	бу́дет	красть
мы	крадём	мы	кра́ли	мы	бу́дем	красть
вы	крадёте	вы	кра́ли	вы	бу́дете	красть
они́	краду́т	они́	кра́ли	они́	бу́дут	красть

KONJUNKTIV

я	крал / кра́ла бы
ты	крал / кра́ла бы
он	крал бы
она́	кра́ла бы
оно́	кра́ло бы
мы	кра́ли бы
вы	кра́ли бы
они́	кра́ли бы

PARTIZIPIEN

AP	**Präsens**	крадя́
P	**Präs. Aktiv**	краду́щий
P	**Prät. Aktiv**	кра́вший
P	**Prät. Passiv**	кра́деный (adj)

IMPERATIV

Кради́!
Кради́те!

PERFEKTIV

укра́сть

Imperfektives Verb

кричáть

schreien, rufen

INDIKATIV

Präsens		Präteritum		Futur / IMPF		
я	кричý	я	кричáл / кричáла	я	бýду	кричáть
ты	кричи́шь	ты	кричáл / кричáла	ты	бýдешь	кричáть
он	кричи́т	он	кричáл	он	бýдет	кричáть
онá	кричи́т	онá	кричáла	онá	бýдет	кричáть
онó	кричи́т	онó	кричáло	онó	бýдет	кричáть
мы	кричи́м	мы	кричáли	мы	бýдем	кричáть
вы	кричи́те	вы	кричáли	вы	бýдете	кричáть
они́	кричáт	они́	кричáли	они́	бýдут	кричáть

KONJUNKTIV

я	кричáл / кричáла бы
ты	кричáл / кричáла бы
он	кричáл бы
онá	кричáла бы
онó	кричáло бы
мы	кричáли бы
вы	кричáли бы
они́	кричáли бы

PARTIZIPIEN

AP	**Präsens**	кричá
P	**Präs. Aktiv**	кричáщий
P	**Prät. Aktiv**	кричáвший

IMPERATIV

Кричи́!
Кричи́те!

PERFEKTIV

кри́кнуть

Perfektives Verb

купи́ть

kaufen

INDIKATIV

Futur / PF		Präteritum	
я	куплю́	я	купи́л / купи́ла
ты	кýпишь	ты	купи́л / купи́ла
он	кýпит	он	купи́л
онá	кýпит	онá	купи́ла
онó	кýпит	онó	купи́ло
мы	кýпим	мы	купи́ли
вы	кýпите	вы	купи́ли
они́	кýпят	они́	купи́ли

KONJUNKTIV

я	купи́л / купи́ла бы
ты	купи́л / купи́ла бы
он	купи́л бы
онá	купи́ла бы
онó	купи́ло бы
мы	купи́ли бы
вы	купи́ли бы
они́	купи́ли бы

PARTIZIPIEN

AP	**Präteritum**	купи́в
P	**Prät. Aktiv**	купи́вший
P	**Prät. Passiv**	кýпленный
Kurzformen		кýплен
		кýплена
		кýплено
		кýплены

IMPERATIV

Купи́!
Купи́те!

IMPERFEKTIV

покупáть

Imperfektives Verb

кури́ть
rauchen

INDIKATIV

Präsens

я	курю́
ты	ку́ришь
он	ку́рит
она́	ку́рит
оно́	ку́рит
мы	ку́рим
вы	ку́рите
они́	ку́рят

Präteritum

я	кури́л / кури́ла
ты	кури́л / кури́ла
он	кури́л
она́	кури́ла
оно́	кури́ло
мы	кури́ли
вы	кури́ли
они́	кури́ли

Futur / IMPF

я	бу́ду	кури́ть
ты	бу́дешь	кури́ть
он	бу́дет	кури́ть
она́	бу́дет	кури́ть
оно́	бу́дет	кури́ть
мы	бу́дем	кури́ть
вы	бу́дете	кури́ть
они́	бу́дут	кури́ть

KONJUNKTIV

я	кури́л / кури́ла	бы
ты	кури́л / кури́ла	бы
он	кури́л	бы
она́	кури́ла	бы
оно́	кури́ло	бы
мы	кури́ли	бы
вы	кури́ли	бы
они́	кури́ли	бы

PARTIZIPIEN

AP	**Präsens**	куря́
P	**Präs. Aktiv**	куря́щий
P	**Prät. Aktiv**	кури́вший

IMPERATIV

Кури́!
Кури́те!

PERFEKTIV

покури́ть

Imperfektives Verb

куса́ть
beißen, stechen

INDIKATIV

Präsens

я	куса́ю
ты	куса́ешь
он	куса́ет
она́	куса́ет
оно́	куса́ет
мы	куса́ем
вы	куса́ете
они́	куса́ют

Präteritum

я	куса́л / куса́ла
ты	куса́л / куса́ла
он	куса́л
она́	куса́ла
оно́	куса́ло
мы	куса́ли
вы	куса́ли
они́	куса́ли

Futur / IMPF

я	бу́ду	куса́ть
ты	бу́дешь	куса́ть
он	бу́дет	куса́ть
она́	бу́дет	куса́ть
оно́	бу́дет	куса́ть
мы	бу́дем	куса́ть
вы	бу́дете	куса́ть
они́	бу́дут	куса́ть

KONJUNKTIV

я	куса́л / куса́ла	бы
ты	куса́л / куса́ла	бы
он	куса́л	бы
она́	куса́ла	бы
оно́	куса́ло	бы
мы	куса́ли	бы
вы	куса́ли	бы
они́	куса́ли	бы

PARTIZIPIEN

AP	**Präsens**	куса́я
P	**Präs. Aktiv**	куса́ющий
P	**Prät. Aktiv**	куса́вший

IMPERATIV

Куса́й!
Куса́йте!

PERFEKTIV

укуси́ть

ла́зить UNBEST
klettern

INDIKATIV

Präsens		Präteritum		Futur / IMPF		
я	ла́жу	я	ла́зил / ла́зила	я	бу́ду	ла́зить
ты	ла́зишь	ты	ла́зил / ла́зила	ты	бу́дешь	ла́зить
он	ла́зит	он	ла́зил	он	бу́дет	ла́зить
она́	ла́зит	она́	ла́зила	она́	бу́дет	ла́зить
оно́	ла́зит	оно́	ла́зило	оно́	бу́дет	ла́зить
мы	ла́зим	мы	ла́зили	мы	бу́дем	ла́зить
вы	ла́зите	вы	ла́зили	вы	бу́дете	ла́зить
они́	ла́зят	они́	ла́зили	они́	бу́дут	ла́зить

KONJUNKTIV

я	ла́зил / ла́зила	бы
ты	ла́зил / ла́зила	бы
он	ла́зил	бы
она́	ла́зила	бы
оно́	ла́зило	бы
мы	ла́зили	бы
вы	ла́зили	бы
они́	ла́зили	бы

PARTIZIPIEN

AP	**Präsens**	ла́зя
P	**Präs. Aktiv**	ла́зящий
P	**Prät. Aktiv**	ла́зивший

IMPERATIV

Лазь!
Ла́зьте!

BESTIMMT

лезть → 100

лгать
lügen

INDIKATIV

Präsens		Präteritum		Futur / IMPF		
я	лгу	я	лгал / лгала́	я	бу́ду	лгать
ты	лжёшь	ты	лгал / лгала́	ты	бу́дешь	лгать
он	лжёт	он	лгал	он	бу́дет	лгать
она́	лжёт	она́	лгала́	она́	бу́дет	лгать
оно́	лжёт	оно́	лга́ло	оно́	бу́дет	лгать
мы	лжём	мы	лга́ли	мы	бу́дем	лгать
вы	лжёте	вы	лга́ли	вы	бу́дете	лгать
они́	лгут	они́	лга́ли	они́	бу́дут	лгать

KONJUNKTIV

я	лгал / лгала́	бы
ты	лгал / лгала́	бы
он	лгал	бы
она́	лгала́	бы
оно́	лга́ло	бы
мы	лга́ли	бы
вы	лга́ли	бы
они́	лга́ли	бы

PARTIZIPIEN

P	**Präs. Aktiv**	лгу́щий
P	**Prät. Aktiv**	лга́вший

IMPERATIV

Лги!
Лги́те!

PERFEKTIV

солга́ть

Imperfektives Verb

лежáть
liegen

INDIKATIV

Präsens		Präteritum		Futur / IMPF		
я	лежу́	я	лежáл / лежáла	я	бу́ду	лежáть
ты	лежи́шь	ты	лежáл / лежáла	ты	бу́дешь	лежáть
он	лежи́т	он	лежáл	он	бу́дет	лежáть
онá	лежи́т	онá	лежáла	онá	бу́дет	лежáть
онó	лежи́т	онó	лежáло	онó	бу́дет	лежáть
мы	лежи́м	мы	лежáли	мы	бу́дем	лежáть
вы	лежи́те	вы	лежáли	вы	бу́дете	лежáть
они́	лежáт	они́	лежáли	они́	бу́дут	лежáть

KONJUNKTIV

я	лежáл / лежáла бы
ты	лежáл / лежáла бы
он	лежáл бы
онá	лежáла бы
онó	лежáло бы
мы	лежáли бы
вы	лежáли бы
они́	лежáли бы

PARTIZIPIEN

AP	**Präsens**	лёжа
P	**Präs. Aktiv**	лежáщий
P	**Prät. Passiv**	лежáвший

IMPERATIV

Лежи́!
Лежи́те!

PERFEKTIV

—

Imperfektives Verb

лезть BEST
klettern

INDIKATIV

Präsens		Präteritum		Futur / IMPF		
я	лéзу	я	лез / лéзла	я	бу́ду	лезть
ты	лéзешь	ты	лез / лéзла	ты	бу́дешь	лезть
он	лéзет	он	лез	он	бу́дет	лезть
онá	лéзет	онá	лéзла	онá	бу́дет	лезть
онó	лéзет	онó	лéзло	онó	бу́дет	лезть
мы	лéзем	мы	лéзли	мы	бу́дем	лезть
вы	лéзете	вы	лéзли	вы	бу́дете	лезть
они́	лéзут	они́	лéзли	они́	бу́дут	лезть

KONJUNKTIV

я	лез / лéзла бы
ты	лез / лéзла бы
он	лез бы
онá	лéзла бы
онó	лéзло бы
мы	лéзли бы
вы	лéзли бы
они́	лéзли бы

PARTIZIPIEN

P	**Präs. Aktiv**	лéзущий
P	**Prät. Aktiv**	лéзший

IMPERATIV

Лезь!
Лéзьте!

UNBESTIMMT

лáзить → 97

лени́ться
faulenzen

INDIKATIV

Präsens		Präteritum		Futur / IMPF		
я	леню́сь	я	лени́лся / лени́лась	я	бу́ду	лени́ться
ты	ле́нишься	ты	лени́лся / лени́лась	ты	бу́дешь	лени́ться
он	ле́нится	он	лени́лся	он	бу́дет	лени́ться
она́	ле́нится	она́	лени́лась	она́	бу́дет	лени́ться
оно́	ле́нится	оно́	лени́лось	оно́	бу́дет	лени́ться
мы	ле́нимся	мы	лени́лись	мы	бу́дем	лени́ться
вы	ле́нитесь	вы	лени́лись	вы	бу́дете	лени́ться
они́	ле́нятся	они́	лени́лись	они́	бу́дут	лени́ться

KONJUNKTIV

я лени́лся / лени́лась бы
ты лени́лся / лени́лась бы
он лени́лся бы
она́ лени́лась бы
оно́ лени́лось бы
мы лени́лись бы
вы лени́лись бы
они́ лени́лись бы

PARTIZIPIEN

AP	**Präsens**	леня́сь
P	**Präs. Aktiv**	леня́щийся
P	**Prät. Aktiv**	лени́вшийся

IMPERATIV

Лени́сь!
Лени́тесь!

PERFEKTIV

полени́ться

лета́ть UNBEST
fliegen

INDIKATIV

Präsens		Präteritum		Futur / IMPF		
я	лета́ю	я	лета́л / лета́ла	я	бу́ду	лета́ть
ты	лета́ешь	ты	лета́л / лета́ла	ты	бу́дешь	лета́ть
он	лета́ет	он	лета́л	он	бу́дет	лета́ть
она́	лета́ет	она́	лета́ла	она́	бу́дет	лета́ть
оно́	лета́ет	оно́	лета́ло	оно́	бу́дет	лета́ть
мы	лета́ем	мы	лета́ли	мы	бу́дем	лета́ть
вы	лета́ете	вы	лета́ли	вы	бу́дете	лета́ть
они́	лета́ют	они́	лета́ли	они́	бу́дут	лета́ть

KONJUNKTIV

я лета́л / лета́ла бы
ты лета́л / лета́ла бы
он лета́л бы
она́ лета́ла бы
оно́ лета́ло бы
мы лета́ли бы
вы лета́ли бы
они́ лета́ли бы

PARTIZIPIEN

AP	**Präsens**	летая́
P	**Präs. Aktiv**	лета́ющий
P	**Prät. Aktiv**	лета́вший

IMPERATIV

Лета́й!
Лета́йте!

BESTIMMT

лете́ть → 103

Imperfektives Verb

лете́ть BEST
fliegen

INDIKATIV

Präsens		Präteritum		Futur / IMPF		
я	лечу́	я	лете́л / лете́ла	я	бу́ду	лете́ть
ты	лети́шь	ты	лете́л / лете́ла	ты	бу́дешь	лете́ть
он	лети́т	он	лете́л	он	бу́дет	лете́ть
она́	лети́т	она́	лете́ла	она́	бу́дет	лете́ть
оно́	лети́т	оно́	лете́ло	оно́	бу́дет	лете́ть
мы	лети́м	мы	лете́ли	мы	бу́дем	лете́ть
вы	лети́те	вы	лете́ли	вы	бу́дете	лете́ть
они́	летя́т	они́	лете́ли	они́	бу́дут	лете́ть

KONJUNKTIV

я	лете́л / лете́ла	бы
ты	лете́л / лете́ла	бы
он	лете́л	бы
она́	лете́ла	бы
оно́	лете́ло	бы
мы	лете́ли	бы
вы	лете́ли	бы
они́	лете́ли	бы

PARTIZIPIEN

AP	Präsens	летя́
P	Präs. Aktiv	летя́щий
P	Prät. Aktiv	лете́вший

IMPERATIV

Лети́!
Лети́те!

UNBESTIMMT

лета́ть → 102

Imperfektives Verb

лечи́ть
(ärztlich) behandeln

INDIKATIV

Präsens		Präteritum		Futur / IMPF		
я	лечу́	я	лечи́л / лечи́ла	я	бу́ду	лечи́ть
ты	ле́чишь	ты	лечи́л / лечи́ла	ты	бу́дешь	лечи́ть
он	ле́чит	он	лечи́л	он	бу́дет	лечи́ть
она́	ле́чит	она́	лечи́ла	она́	бу́дет	лечи́ть
оно́	ле́чит	оно́	лечи́ло	оно́	бу́дет	лечи́ть
мы	ле́чим	мы	лечи́ли	мы	бу́дем	лечи́ть
вы	ле́чите	вы	лечи́ли	вы	бу́дете	лечи́ть
они́	ле́чат	они́	лечи́ли	они́	бу́дут	лечи́ть

KONJUNKTIV

я	лечи́л / лечи́ла	бы
ты	лечи́л / лечи́ла	бы
он	лечи́л	бы
она́	лечи́ла	бы
оно́	лечи́ло	бы
мы	лечи́ли	бы
вы	лечи́ли	бы
они́	лечи́ли	бы

PARTIZIPIEN

AP	Präsens	леча́
P	Präs. Aktiv	ле́чащий
P	Präs. Passiv	лечи́мый
P	Prät. Aktiv	лечи́вший

IMPERATIV

Лечи́!
Лечи́те!

PERFEKTIV

вы́лечить

лечь

sich hinlegen

INDIKATIV

Futur / PF		Präteritum	
я	лягу	я	лёг / легла́
ты	ляжешь	ты	лёг / легла́
он	ляжет	он	лёг
она́	ляжет	она́	легла́
оно́	ляжет	оно́	легло́
мы	ляжем	мы	легли́
вы	ляжете	вы	легли́
они́	лягут	они́	легли́

KONJUNKTIV

я	лёг / легла́ бы
ты	лёг / легла́ бы
он	лёг бы
она́	легла́ бы
оно́	легло́ бы
мы	легли́ бы
вы	легли́ бы
они́	легли́ бы

PARTIZIPIEN

AP	**Präteritum**	лёгши
P	**Prät. Aktiv**	лёгший

IMPERATIV

Ляг!
Ля́гте!

IMPERFEKTIV

ложи́ться → 107

лить

gießen

INDIKATIV

Präsens		Präteritum		Futur / IMPF		
я	лью	я	лил / лила́	я	бу́ду	лить
ты	льёшь	ты	лил / лила́	ты	бу́дешь	лить
он	льёт	он	лил	он	бу́дет	лить
она́	льёт	она́	лила́	она́	бу́дет	лить
оно́	льёт	оно́	ли́ло	оно́	бу́дет	лить
мы	льём	мы	ли́ли	мы	бу́дем	лить
вы	льёте	вы	ли́ли	вы	бу́дете	лить
они́	льют	они́	ли́ли	они́	бу́дут	лить

KONJUNKTIV

я	лил / лила́ бы
ты	лил / лила́ бы
он	лил бы
она́	лила́ бы
оно́	ли́ло бы
мы	ли́ли бы
вы	ли́ли бы
они́	ли́ли бы

PARTIZIPIEN

P	**Präs. Aktiv**	льющий
AP	**Präteritum**	лив
P	**Prät. Aktiv**	ли́вший
P	**Prät. Passiv**	ли́тый
Kurzformen		лит
		лита́
		ли́то
		ли́ты

IMPERATIV

Лей!
Ле́йте!

PERFEKTIV

слить → 166
вы́лить

Imperfektives Verb

ложи́ться

sich hinlegen

INDIKATIV

Präsens		Präteritum		Futur / IMPF		
я	ложу́сь	я	ложи́лся / ложи́лась	я	бу́ду	ложи́ться
ты	ложи́шься	ты	ложи́лся / ложи́лась	ты	бу́дешь	ложи́ться
он	ложи́тся	он	ложи́лся	он	бу́дет	ложи́ться
она́	ложи́тся	она́	ложи́лась	она́	бу́дет	ложи́ться
оно́	ложи́тся	оно́	ложи́лось	оно́	бу́дет	ложи́ться
мы	ложи́мся	мы	ложи́лись	мы	бу́дем	ложи́ться
вы	ложи́тесь	вы	ложи́лись	вы	бу́дете	ложи́ться
они́	ложа́тся	они́	ложи́лись	они́	бу́дут	ложи́ться

KONJUNKTIV

я	ложи́лся / ложи́лась бы
ты	ложи́лся / ложи́лась бы
он	ложи́лся бы
она́	ложи́лась бы
оно́	ложи́лось бы
мы	ложи́лись бы
вы	ложи́лись бы
они́	ложи́лись бы

PARTIZIPIEN

AP	**Präsens**	ложа́сь
P	**Präs. Aktiv**	ложа́щийся
P	**Prät. Aktiv**	ложи́вшийся

IMPERATIV

Ложи́сь!
Ложи́тесь!

PERFEKTIV

лечь → 105

Imperfektives Verb

люби́ть

lieben

INDIKATIV

Präsens		Präteritum		Futur / IMPF		
я	люблю́	я	люби́л / люби́ла	я	бу́ду	люби́ть
ты	лю́бишь	ты	люби́л / люби́ла	ты	бу́дешь	люби́ть
он	лю́бит	он	люби́л	он	бу́дет	люби́ть
она́	лю́бит	она́	люби́ла	она́	бу́дет	люби́ть
оно́	лю́бит	оно́	люби́ло	оно́	бу́дет	люби́ть
мы	лю́бим	мы	люби́ли	мы	бу́дем	люби́ть
вы	лю́бите	вы	люби́ли	вы	бу́дете	люби́ть
они́	лю́бят	они́	люби́ли	они́	бу́дут	люби́ть

KONJUNKTIV

я	люби́л / люби́ла бы
ты	люби́л / люби́ла бы
он	люби́л бы
она́	люби́ла бы
оно́	люби́ло бы
мы	люби́ли бы
вы	люби́ли бы
они́	люби́ли бы

PARTIZIPIEN

AP	**Präsens**	любя́
P	**Präs. Aktiv**	лю́бящий
P	**Prät. Aktiv**	люби́вший
P	**Prät. Passiv**	люби́мый

IMPERATIV

Люби́!
Люби́те!

PERFEKTIV

полюби́ть

Imperfektives Verb

мáзать

(be)streichen, (be)schmieren

INDIKATIV

Präsens		Präteritum		Futur / IMPF		
я	мáжу	я	мáзал / мáзала	я	бýду	мáзать
ты	мáжешь	ты	мáзал / мáзала	ты	бýдешь	мáзать
он	мáжет	он	мáзал	он	бýдет	мáзать
онá	мáжет	онá	мáзала	онá	бýдет	мáзать
онó	мáжет	онó	мáзало	онó	бýдет	мáзать
мы	мáжем	мы	мáзали	мы	бýдем	мáзать
вы	мáжете	вы	мáзали	вы	бýдете	мáзать
они́	мáжут	они́	мáзали	они́	бýдут	мáзать

KONJUNKTIV

я	мáзал / мáзала бы
ты	мáзал / мáзала бы
он	мáзал бы
онá	мáзала бы
онó	мáзало бы
мы	мáзали бы
вы	мáзали бы
они́	мáзали бы

PARTIZIPIEN

P	**Präs. Aktiv**	мáжущий
AP	**Präteritum**	мáзав
P	**Prät. Aktiv**	мáзавший

IMPERATIV

Мажь!
Мáжьте!

PERFEKTIV

намáзать
помáзать
мазнýть

Imperfektives Verb

махáть

winken

INDIKATIV

Präsens		Präteritum		Futur / IMPF		
я	машý	я	махáл / махáла	я	бýду	махáть
ты	мáшешь	ты	махáл / махáла	ты	бýдешь	махáть
он	мáшет	он	махáл	он	бýдет	махáть
онá	мáшет	онá	махáла	онá	бýдет	махáть
онó	мáшет	онó	махáло	онó	бýдет	махáть
мы	мáшем	мы	махáли	мы	бýдем	махáть
вы	мáшете	вы	махáли	вы	бýдете	махáть
они́	мáшут	они́	махáли	они́	бýдут	махáть

KONJUNKTIV

я	махáл / махáла бы
ты	махáл / махáла бы
он	махáл бы
онá	махáла бы
онó	махáло бы
мы	махáли бы
вы	махáли бы
они́	махáли бы

PARTIZIPIEN

AP	**Präsens**	машá
P	**Präs. Aktiv**	мáшущий
P	**Prät. Aktiv**	махáвший

IMPERATIV

Маши́!
Маши́те!

PERFEKTIV

помахáть
махнýть

Imperfektives Verb

меня́ть

tauschen, wechseln

INDIKATIV

Präsens

я	меня́ю
ты	меня́ешь
он	меня́ет
она́	меня́ет
оно́	меня́ет
мы	меня́ем
вы	меня́ете
они́	меня́ют

Präteritum

я	меня́л / меня́ла
ты	меня́л / меня́ла
он	меня́л
она́	меня́ла
оно́	меня́ло
мы	меня́ли
вы	меня́ли
они́	меня́ли

Futur / IMPF

я	бу́ду	меня́ть
ты	бу́дешь	меня́ть
он	бу́дет	меня́ть
она́	бу́дет	меня́ть
оно́	бу́дет	меня́ть
мы	бу́дем	меня́ть
вы	бу́дете	меня́ть
они́	бу́дут	меня́ть

KONJUNKTIV

я	меня́л / меня́ла	бы
ты	меня́л / меня́ла	бы
он	меня́л	бы
она́	меня́ла	бы
оно́	меня́ло	бы
мы	меня́ли	бы
вы	меня́ли	бы
они́	меня́ли	бы

PARTIZIPIEN

AP	**Präsens**	меня́я
P	**Präs. Aktiv**	меня́ющий
P	**Präs. Passiv**	меня́емый
P	**Prät. Aktiv**	меня́вший
P	**Prät. Passiv**	ме́нянный

IMPERATIV

Меня́й!

Меня́йте!

PERFEKTIV

поменя́ть

Imperfektives Verb

мести́

fegen

INDIKATIV

Präsens

я	мету́
ты	метёшь
он	метёт
она́	метёт
оно́	метёт
мы	метём
вы	метёте
они́	мету́т

Präteritum

я	мёл / мела́
ты	мёл / мела́
он	мёл
она́	мела́
оно́	мело́
мы	мели́
вы	мели́
они́	мели́

Futur / IMPF

я	бу́ду	мести́
ты	бу́дешь	мести́
он	бу́дет	мести́
она́	бу́дет	мести́
оно́	бу́дет	мести́
мы	бу́дем	мести́
вы	бу́дете	мести́
они́	бу́дут	мести́

KONJUNKTIV

я	мёл / мела́ бы	
ты	мёл / мела́ бы	
он	мёл	бы
она́	мела́	бы
оно́	мело́	бы
мы	мели́	бы
вы	мели́	бы
они́	мели́	бы

PARTIZIPIEN

AP	**Präsens**	метя́
P	**Präs. Aktiv**	мету́щий
P	**Prät. Aktiv**	мётший
P	**Prät. Passiv**	метённый
Kurzformen		метён
		метена́
		метено́
		метены́

IMPERATIV

Мети́!

Мети́те!

PERFEKTIV

подмести́

Imperfektives Verb

молча́ть
schweigen

INDIKATIV

Präsens		Präteritum		Futur / IMPF		
я	молчу́	я	молча́л / молча́ла	я	бу́ду	молча́ть
ты	молчи́шь	ты	молча́л / молча́ла	ты	бу́дешь	молча́ть
он	молчи́т	он	молча́л	он	бу́дет	молча́ть
она́	молчи́т	она́	молча́ла	она́	бу́дет	молча́ть
оно́	молчи́т	оно́	молча́ло	оно́	бу́дет	молча́ть
мы	молчи́м	мы	молча́ли	мы	бу́дем	молча́ть
вы	молчи́те	вы	молча́ли	вы	бу́дете	молча́ть
они́	молча́т	они́	молча́ли	они́	бу́дут	молча́ть

KONJUNKTIV

я	молча́л / молча́ла бы
ты	молча́л / молча́ла бы
он	молча́л бы
она́	молча́ла бы
оно́	молча́ло бы
мы	молча́ли бы
вы	молча́ли бы
они́	молча́ли бы

PARTIZIPIEN

AP	**Präsens**	молча́
P	**Präs. Aktiv**	молча́щий
P	**Prät. Aktiv**	молча́вший

IMPERATIV

Молчи́!
Молчи́те!

PERFEKTIV

замолча́ть

Imperfektives Verb

мочь
können

INDIKATIV

Präsens		Präteritum		Futur / IMPF
я	могу́	я	мог / могла́	—
ты	мо́жешь	ты	мог / могла́	—
он	мо́жет	он	мог	—
она́	мо́жет	она́	могла́	—
оно́	мо́жет	оно́	могло́	—
мы	мо́жем	мы	могли́	—
вы	мо́жете	вы	могли́	—
они́	мо́гут	они́	могли́	—

KONJUNKTIV

я	мог / могла́ бы
ты	мог / могла́ бы
он	мог бы
она́	могла́ бы
оно́	могло́ бы
мы	могли́ бы
вы	могли́ бы
они́	могли́ бы

PARTIZIPIEN

P	**Präs. Aktiv**	могу́щий
P	**Prät. Aktiv**	мо́гший

IMPERATIV

—
—

PERFEKTIV

смочь

Imperfektives Verb

мыть
waschen

INDIKATIV

Präsens

я	мóю
ты	мóешь
он	мóет
онá	мóет
онó	мóет
мы	мóем
вы	мóете
они́	мóют

Präteritum

я	мыл / мы́ла
ты	мыл / мы́ла
он	мыл
онá	мы́ла
онó	мы́ло
мы	мы́ли
вы	мы́ли
они́	мы́ли

Futur / IMPF

я	бу́ду	мыть
ты	бу́дешь	мыть
он	бу́дет	мыть
онá	бу́дет	мыть
онó	бу́дет	мыть
мы	бу́дем	мыть
вы	бу́дете	мыть
они́	бу́дут	мыть

KONJUNKTIV

я	мыл / мы́ла бы
ты	мыл / мы́ла бы
он	мыл бы
онá	мы́ла бы
онó	мы́ло бы
мы	мы́ли бы
вы	мы́ли бы
они́	мы́ли бы

PARTIZIPIEN

AP	**Präsens**	мóя
P	**Präs. Aktiv**	мóющий
P	**Prät. Aktiv**	мы́вший
P	**Prät. Passiv**	мы́тый

IMPERATIV

Мóй!
Мóйте!

PERFEKTIV

вы́мыть
помы́ть

Imperfektives Verb

надéяться
hoffen

INDIKATIV

Präsens

я	надéюсь
ты	надéешься
он	надéется
онá	надéется
онó	надéется
мы	надéемся
вы	надéетесь
они́	надéются

Präteritum

я	надéялся / надéялась
ты	надéялся / надéялась
он	надéялся
онá	надéялась
онó	надéялось
мы	надéялись
вы	надéялись
они́	надéялись

Futur / IMPF

я	бу́ду	надéяться
ты	бу́дешь	надéяться
он	бу́дет	надéяться
онá	бу́дет	надéяться
онó	бу́дет	надéяться
мы	бу́дем	надéяться
вы	бу́дете	надéяться
они́	бу́дут	надéяться

KONJUNKTIV

я	надéялся / надéялась бы
ты	надéялся / надéялась бы
он	надéялся бы
онá	надéялась бы
онó	надéялось бы
мы	надéялись бы
вы	надéялись бы
они́	надéялись бы

PARTIZIPIEN

AP	**Präsens**	надéясь
P	**Präs. Aktiv**	надéющийся
P	**Prät. Aktiv**	надéявшийся

IMPERATIV

Надéйся!
Надéйтесь!

PERFEKTIV

понадéяться

найти́

finden

INDIKATIV

Futur / PF		Präteritum	
я	найду́	я	нашёл / нашла́
ты	найдёшь	ты	нашёл / нашла́
он	найдёт	он	нашёл
она́	найдёт	она́	нашла́
оно́	найдёт	оно́	нашло́
мы	найдём	мы	нашли́
вы	найдёте	вы	нашли́
они́	найду́т	они́	нашли́

KONJUNKTIV

я	нашёл / нашла́ бы
ты	нашёл / нашла́ бы
он	нашёл бы
она́	нашла́ бы
оно́	нашло́ бы
мы	нашли́ бы
вы	нашли́ бы
они́	нашли́ бы

PARTIZIPIEN

AP	Präteritum	найдя́
P	Prät. Aktiv	наше́дший
P	Prät. Passiv	на́йденный
Kurzformen		на́йден
		на́йдена
		на́йдено
		на́йдены

IMPERATIV

Найди́!
Найди́те!

IMPERFEKTIV

находи́ть
→ 118

находи́ть

finden

INDIKATIV

Präsens		Präteritum		Futur / IMPF		
я	нахожу́	я	находи́л / находи́ла	я	бу́ду	находи́ть
ты	нахо́дишь	ты	находи́л / находи́ла	ты	бу́дешь	находи́ть
он	нахо́дит	он	находи́л	он	бу́дет	находи́ть
она́	нахо́дит	она́	находи́ла	она́	бу́дет	находи́ть
оно́	нахо́дит	оно́	находи́ло	оно́	бу́дет	находи́ть
мы	нахо́дим	мы	находи́ли	мы	бу́дем	находи́ть
вы	нахо́дите	вы	находи́ли	вы	бу́дете	находи́ть
они́	нахо́дят	они́	находи́ли	они́	бу́дут	находи́ть

KONJUNKTIV

я	находи́л / находи́ла бы
ты	находи́л / находи́ла бы
он	находи́л бы
она́	находи́ла бы
оно́	находи́ло бы
мы	находи́ли бы
вы	находи́ли бы
они́	находи́ли бы

PARTIZIPIEN

AP	Präsens	находя́
P	Präs. Aktiv	находя́щий
P	Prät. Aktiv	находи́вший

IMPERATIV

Находи́!
Находи́те!

PERFEKTIV

найти́ → 117

Perfektives Verb

нача́ть

anfangen

INDIKATIV

Futur / PF		Präteritum	
я	начну́	я	на́чал / начала́
ты	начнёшь	ты	на́чал / начала́
он	начнёт	он	на́чал
она́	начнёт	она́	начала́
оно́	начнёт	оно́	на́чало
мы	начнём	мы	на́чали
вы	начнёте	вы	на́чали
они́	начну́т	они́	на́чали

KONJUNKTIV

я	на́чал / начала́	бы
ты	на́чал / начала́	бы
он	на́чал	бы
она́	начала́	бы
оно́	на́чало	бы
мы	на́чали	бы
вы	на́чали	бы
они́	на́чали	бы

PARTIZIPIEN

AP	**Präteritum**	нача́в
P	**Prät. Aktiv**	нача́вший
P	**Prät. Passiv**	на́чатый
Kurzformen		на́чат
		начата́
		на́чато
		на́чаты

IMPERATIV

Начни́!
Начни́те!

IMPERFEKTIV

начина́ть

Imperfektives Verb

нести́ BEST

tragen, bringen

INDIKATIV

Präsens		Präteritum		Futur / IMPF		
я	несу́	я	нёс / несла́	я	бу́ду	нести́
ты	несёшь	ты	нёс / несла́	ты	бу́дешь	нести́
он	несёт	он	нёс	он	бу́дет	нести́
она́	несёт	она́	несла́	она́	бу́дет	нести́
оно́	несёт	оно́	несло́	оно́	бу́дет	нести́
мы	несём	мы	несли́	мы	бу́дем	нести́
вы	несёте	вы	несли́	вы	бу́дете	нести́
они́	несу́т	они́	несли́	они́	бу́дут	нести́

KONJUNKTIV

я	нёс / несла́	бы
ты	нёс / несла́	бы
он	нёс	бы
она́	несла́	бы
оно́	несло́	бы
мы	несли́	бы
вы	несли́	бы
они́	несли́	бы

PARTIZIPIEN

AP	**Präsens**	неся́
P	**Präs. Aktiv**	несу́щий
P	**Prät. Aktiv**	нёсший
P	**Prät. Passiv**	несо́мый

IMPERATIV

Неси́!
Неси́те!

UNBESTIMMT

носи́ть → 121

Imperfektives Verb

носи́ть UNBEST
tragen, bringen

INDIKATIV

Präsens		Präteritum		Futur / IMPF		
я	ношу́	я	носи́л / носи́ла	я	бу́ду	носи́ть
ты	но́сишь	ты	носи́л / носи́ла	ты	бу́дешь	носи́ть
он	но́сит	он	носи́л	он	бу́дет	носи́ть
она́	но́сит	она́	носи́ла	она́	бу́дет	носи́ть
оно́	но́сит	оно́	носи́ло	оно́	бу́дет	носи́ть
мы	но́сим	мы	носи́ли	мы	бу́дем	носи́ть
вы	но́сите	вы	носи́ли	вы	бу́дете	носи́ть
они́	но́сят	они́	носи́ли	они́	бу́дут	носи́ть

KONJUNKTIV

я	носи́л / носи́ла бы
ты	носи́л / носи́ла бы
он	носи́л бы
она́	носи́ла бы
оно́	носи́ло бы
мы	носи́ли бы
вы	носи́ли бы
они́	носи́ли бы

PARTIZIPIEN

AP	**Präsens**	нося́
P	**Präs. Aktiv**	нося́щий
P	**Präs. Passiv**	носи́мый
AP	**Präteritum**	носи́в
P	**Prät. Aktiv**	носи́вший
P	**Prät. Passiv**	но́шеный (adj)

IMPERATIV

Носи́!
Носи́те!

BESTIMMT

нести́ → 120

Perfektives Verb

обману́ть
betrügen

INDIKATIV

Futur / PF		Präteritum	
я	обману́	я	обману́л / обману́ла
ты	обма́нешь	ты	обману́л / обману́ла
он	обма́нет	он	обману́л
она́	обма́нет	она́	обману́ла
оно́	обма́нет	оно́	обману́ло
мы	обма́нем	мы	обману́ли
вы	обма́нете	вы	обману́ли
они́	обма́нут	они́	обману́ли

KONJUNKTIV

я	обману́л / обману́ла бы
ты	обману́л / обману́ла бы
он	обману́л бы
она́	обману́ла бы
оно́	обману́ло бы
мы	обману́ли бы
вы	обману́ли бы
они́	обману́ли бы

PARTIZIPIEN

AP	**Präteritum**	обману́в
P	**Prät. Aktiv**	обману́вший
P	**Prät. Passiv**	обма́нутый
Kurzformen		обма́нут
		обма́нута
		обма́нуто
		обма́нуты

IMPERATIV

Обмани́!
Обмани́те!

IMPERFEKTIV

обма́нывать

Imperfektives Verb

ора́ть

schreien, brüllen

INDIKATIV

Präsens		Präteritum		Futur / IMPF		
я	ору́	я	ора́л / ора́ла	я	бу́ду	ора́ть
ты	орёшь	ты	ора́л / ора́ла	ты	бу́дешь	ора́ть
он	орёт	он	ора́л	он	бу́дет	ора́ть
она́	орёт	она́	ора́ла	она́	бу́дет	ора́ть
оно́	орёт	оно́	ора́ло	оно́	бу́дет	ора́ть
мы	орём	мы	ора́ли	мы	бу́дем	ора́ть
вы	орёте	вы	ора́ли	вы	бу́дете	ора́ть
они́	ору́т	они́	ора́ли	они́	бу́дут	ора́ть

KONJUNKTIV

я	ора́л / ора́ла	бы
ты	ора́л / ора́ла	бы
он	ора́л	бы
она́	ора́ла	бы
оно́	ора́ло	бы
мы	ора́ли	бы
вы	ора́ли	бы
они́	ора́ли	бы

PARTIZIPIEN

P	**Präs. Aktiv**	ору́щий
P	**Prät. Aktiv**	ора́вший

IMPERATIV

Ори́!
Ори́те!

PERFEKTIV

наора́ть

Perfektives Verb

отдохну́ть

sich erholen, ausruhen

INDIKATIV

Futur / PF		Präteritum	
я	отдохну́	я	отдохну́л / отдохну́ла
ты	отдохнёшь	ты	отдохну́л / отдохну́ла
он	отдохнёт	он	отдохну́л
она́	отдохнёт	она́	отдохну́ла
оно́	отдохнёт	оно́	отдохну́ло
мы	отдохнём	мы	отдохну́ли
вы	отдохнёте	вы	отдохну́ли
они́	отдохну́т	они́	отдохну́ли

KONJUNKTIV

я	отдохну́л / отдохну́ла	бы
ты	отдохну́л / отдохну́ла	бы
он	отдохну́л	бы
она́	отдохну́ла	бы
оно́	отдохну́ло	бы
мы	отдохну́ли	бы
вы	отдохну́ли	бы
они́	отдохну́ли	бы

PARTIZIPIEN

AP	**Präteritum**	отдохну́в
P	**Prät. Aktiv**	отдохну́вший

IMPERATIV

Отдохни́!
Отдохни́те!

IMPERFEKTIV

отдыха́ть

Perfektives Verb

откры́ть
öffnen

INDIKATIV

Futur / PF		Präteritum	
я	открóю	я	откры́л / откры́ла
ты	открóешь	ты	откры́л / откры́ла
он	открóет	он	откры́л
онá	открóет	онá	откры́ла
онó	открóет	онó	откры́ло
мы	открóем	мы	откры́ли
вы	открóете	вы	откры́ли
они́	открóют	они́	откры́ли

KONJUNKTIV

я	откры́л / откры́ла бы
ты	откры́л / откры́ла бы
он	откры́л бы
онá	откры́ла бы
онó	откры́ло бы
мы	откры́ли бы
вы	откры́ли бы
они́	откры́ли бы

PARTIZIPIEN

AP Präteritum	откры́в
P Prät. Aktiv	откры́вший
P Prät. Passiv	откры́тый
Kurzformen	откры́т
	откры́та
	откры́то
	откры́ты

IMPERATIV

Открóй!
Открóйте!

IMPERFEKTIV

открывáть

Imperfektives Verb

пáхнуть
duften, riechen (nach)

INDIKATIV

Präsens		Präteritum		Futur / IMPF		
я	пáхну	я	пах oder пáхнул / пáхла	я	бýду	пáхнуть
ты	пáхнешь	ты	пах oder пáхнул / пáхла	ты	бýдешь	пáхнуть
он	пáхнет	он	пах oder пáхнул	он	бýдет	пáхнуть
онá	пáхнет	онá	пáхла	онá	бýдет	пáхнуть
онó	пáхнет	онó	пáхло	онó	бýдет	пáхнуть
мы	пáхнем	мы	пáхли	мы	бýдем	пáхнуть
вы	пáхнете	вы	пáхли	вы	бýдете	пáхнуть
они́	пáхнут	они́	пáхли	они́	бýдут	пáхнуть

KONJUNKTIV

я	пах oder пáхнул / пáхла бы
ты	пах oder пáхнул / пáхла бы
он	пах oder пáхнул бы
онá	пáхла бы
онó	пáхло бы
мы	пáхли бы
вы	пáхли бы
они́	пáхли бы

PARTIZIPIEN

P Präs. Aktiv	пáхнущий
AP Präteritum	пáхнув
P Prät. Aktiv	пáхнувший
	oder пáхший

IMPERATIV

—
—

PERFEKTIV

запáхнуть

Imperfektives Verb

петь
singen

INDIKATIV

Präsens		Präteritum		Futur / IMPF		
я	пою́	я	пел / пе́ла	я	бу́ду	петь
ты	поёшь	ты	пел / пе́ла	ты	бу́дешь	петь
он	поёт	он	пел	он	бу́дет	петь
она́	поёт	она́	пе́ла	она́	бу́дет	петь
оно́	поёт	оно́	пе́ло	оно́	бу́дет	петь
мы	поём	мы	пе́ли	мы	бу́дем	петь
вы	поёте	вы	пе́ли	вы	бу́дете	петь
они́	пою́т	они́	пе́ли	они́	бу́дут	петь

KONJUNKTIV

я	пел / пе́ла	бы
ты	пел / пе́ла	бы
он	пел	бы
она́	пе́ла	бы
оно́	пе́ло	бы
мы	пе́ли	бы
вы	пе́ли	бы
они́	пе́ли	бы

PARTIZIPIEN

P	**Präs. Aktiv**	пою́щий
P	**Prät. Aktiv**	пе́вший

IMPERATIV

Пой!
По́йте!

PERFEKTIV

спеть

Imperfektives Verb

печь
backen

INDIKATIV

Präsens		Präteritum		Futur / IMPF		
я	пеку́	я	пёк / пекла́	я	бу́ду	печь
ты	печёшь	ты	пёк / пекла́	ты	бу́дешь	печь
он	печёт	он	пёк	он	бу́дет	печь
она́	печёт	она́	пекла́	она́	бу́дет	печь
оно́	печёт	оно́	пекло́	оно́	бу́дет	печь
мы	печём	мы	пекли́	мы	бу́дем	печь
вы	печёте	вы	пекли́	вы	бу́дете	печь
они́	пеку́т	они́	пекли́	они́	бу́дут	печь

KONJUNKTIV

я	пёк / пекла́	бы
ты	пёк / пекла́	бы
он	пёк	бы
она́	пекла́	бы
оно́	пекло́	бы
мы	пекли́	бы
вы	пекли́	бы
они́	пекли́	бы

PARTIZIPIEN

AP	**Präsens**	пёкши
P	**Präs. Aktiv**	пеку́щий
P	**Prät. Aktiv**	пёкший
P	**Prät. Passiv**	печёный (adj)

IMPERATIV

Пеки́!
Пеки́те!

PERFEKTIV

испе́чь

пи́сать

pinkeln

INDIKATIV

Präsens		Präteritum		Futur / IMPF		
я	пи́саю	я	пи́сал / пи́сала	я	бу́ду	пи́сать
ты	пи́саешь	ты	пи́сал / пи́сала	ты	бу́дешь	пи́сать
он	пи́сает	он	пи́сал	он	бу́дет	пи́сать
она́	пи́сает	она́	пи́сала	она́	бу́дет	пи́сать
оно́	пи́сает	оно́	пи́сало	оно́	бу́дет	пи́сать
мы	пи́саем	мы	пи́сали	мы	бу́дем	пи́сать
вы	пи́саете	вы	пи́сали	вы	бу́дете	пи́сать
они́	пи́сают	они́	пи́сали	они́	бу́дут	пи́сать

KONJUNKTIV

я	пи́сал / пи́сала бы
ты	пи́сал / пи́сала бы
он	пи́сал бы
она́	пи́сала бы
оно́	пи́сало бы
мы	пи́сали бы
вы	пи́сали бы
они́	пи́сали бы

PARTIZIPIEN

AP	**Präsens**	пи́сая
P	**Präs. Aktiv**	пи́сающий
P	**Prät. Aktiv**	пи́савший

IMPERATIV

Пи́сай!
Пи́сайте!

PERFEKTIV

попи́сать

писа́ть

schreiben

INDIKATIV

Präsens		Präteritum		Futur / IMPF		
я	пишу́	я	писа́л / писа́ла	я	бу́ду	писа́ть
ты	пи́шешь	ты	писа́л / писа́ла	ты	бу́дешь	писа́ть
он	пи́шет	он	писа́л	он	бу́дет	писа́ть
она́	пи́шет	она́	писа́ла	она́	бу́дет	писа́ть
оно́	пи́шет	оно́	писа́ло	оно́	бу́дет	писа́ть
мы	пи́шем	мы	писа́ли	мы	бу́дем	писа́ть
вы	пи́шете	вы	писа́ли	вы	бу́дете	писа́ть
они́	пи́шут	они́	писа́ли	они́	бу́дут	писа́ть

KONJUNKTIV

я	писа́л / писа́ла бы
ты	писа́л / писа́ла бы
он	писа́л бы
она́	писа́ла бы
оно́	писа́ло бы
мы	писа́ли бы
вы	писа́ли бы
они́	писа́ли бы

PARTIZIPIEN

AP	**Präsens**	пиша́ (umg)
P	**Präs. Aktiv**	пи́шущий
P	**Prät. Aktiv**	писа́вший
P	**Prät. Passiv**	пи́санный

IMPERATIV

Пиши́!
Пиши́те!

PERFEKTIV

написа́ть

Imperfektives Verb

пить
trinken

INDIKATIV

Präsens		Präteritum		Futur / IMPF		
я	пью	я	пил / пилá	я	бýду	пить
ты	пьёшь	ты	пил / пилá	ты	бýдешь	пить
он	пьёт	он	пил	он	бýдет	пить
онá	пьёт	онá	пилá	онá	бýдет	пить
онó	пьёт	онó	пи́ло	онó	бýдет	пить
мы	пьём	мы	пи́ли	мы	бýдем	пить
вы	пьёте	вы	пи́ли	вы	бýдете	пить
они́	пьют	они́	пи́ли	они́	бýдут	пить

KONJUNKTIV

я	пил / пилá	бы
ты	пил / пилá	бы
он	пил	бы
онá	пилá	бы
онó	пи́ло	бы
мы	пи́ли	бы
вы	пи́ли	бы
они́	пи́ли	бы

PARTIZIPIEN

P	**Präs. Aktiv**	пьющий
AP	**Präteritum**	пив
P	**Prät. Aktiv**	пи́вший

IMPERATIV

Пей!
Пéйте!

PERFEKTIV

вы́пить

Imperfektives Verb

плáвать UNBEST
schwimmen

INDIKATIV

Präsens		Präteritum		Futur / IMPF		
я	плáваю	я	плáвал / плáвала	я	бýду	плáвать
ты	плáваешь	ты	плáвал / плáвала	ты	бýдешь	плáвать
он	плáвает	он	плáвал	он	бýдет	плáвать
онá	плáвает	онá	плáвала	онá	бýдет	плáвать
онó	плáвает	онó	плáвало	онó	бýдет	плáвать
мы	плáваем	мы	плáвали	мы	бýдем	плáвать
вы	плáваете	вы	плáвали	вы	бýдете	плáвать
они́	плáвают	они́	плáвали	они́	бýдут	плáвать

KONJUNKTIV

я	плáвал / плáвала	бы
ты	плáвал / плáвала	бы
он	плáвал	бы
онá	плáвала	бы
онó	плáвало	бы
мы	плáвали	бы
вы	плáвали	бы
они́	плáвали	бы

PARTIZIPIEN

AP	**Präsens**	плáвая
P	**Präs. Aktiv**	плáвающий
P	**Prät. Aktiv**	плáвавший

IMPERATIV

Плáвай!
Плáвайте!

BESTIMMT

плыть → 136

пла́кать
weinen

INDIKATIV

Präsens		Präteritum		Futur / IMPF		
я	пла́чу	я	пла́кал / пла́кала	я	бу́ду	пла́кать
ты	пла́чешь	ты	пла́кал / пла́кала	ты	бу́дешь	пла́кать
он	пла́чет	он	пла́кал	он	бу́дет	пла́кать
она́	пла́чет	она́	пла́кала	она́	бу́дет	пла́кать
оно́	пла́чет	оно́	пла́кало	оно́	бу́дет	пла́кать
мы	пла́чем	мы	пла́кали	мы	бу́дем	пла́кать
вы	пла́чете	вы	пла́кали	вы	бу́дете	пла́кать
они́	пла́чут	они́	пла́кали	они́	бу́дут	пла́кать

KONJUNKTIV

я	пла́кал / пла́кала	бы
ты	пла́кал / пла́кала	бы
он	пла́кал	бы
она́	пла́кала	бы
оно́	пла́кало	бы
мы	пла́кали	бы
вы	пла́кали	бы
они́	пла́кали	бы

PARTIZIPIEN

AP	**Präsens**	пла́ча
P	**Präs. Aktiv**	пла́чущий
P	**Prät. Aktiv**	пла́кавший

IMPERATIV

Пла́чь!
Пла́чьте!

PERFEKTIV

запла́кать

плати́ть
zahlen

INDIKATIV

Präsens		Präteritum		Futur / IMPF		
я	плачу́	я	плати́л / плати́ла	я	бу́ду	плати́ть
ты	пла́тишь	ты	плати́л / плати́ла	ты	бу́дешь	плати́ть
он	пла́тит	он	плати́л	он	бу́дет	плати́ть
она́	пла́тит	она́	плати́ла	она́	бу́дет	плати́ть
оно́	пла́тит	оно́	плати́ло	оно́	бу́дет	плати́ть
мы	пла́тим	мы	плати́ли	мы	бу́дем	плати́ть
вы	пла́тите	вы	плати́ли	вы	бу́дете	плати́ть
они́	пла́тят	они́	плати́ли	они́	бу́дут	плати́ть

KONJUNKTIV

я	плати́л / плати́ла	бы
ты	плати́л / плати́ла	бы
он	плати́л	бы
она́	плати́ла	бы
оно́	плати́ло	бы
мы	плати́ли	бы
вы	плати́ли	бы
они́	плати́ли	бы

PARTIZIPIEN

AP	**Präsens**	платя́
P	**Präs. Aktiv**	платя́щий
P	**Prät. Aktiv**	плати́вший
P	**Prät. Passiv**	пла́ченный

IMPERATIV

Плати́!
Плати́те!

PERFEKTIV

заплати́ть

Imperfektives Verb

плева́ть
spucken

INDIKATIV

Präsens		Präteritum		Futur / IMPF		
я	плюю́	я	плева́л / плева́ла	я	бу́ду	плева́ть
ты	плюёшь	ты	плева́л / плева́ла	ты	бу́дешь	плева́ть
он	плюёт	он	плева́л	он	бу́дет	плева́ть
она́	плюёт	она́	плева́ла	она́	бу́дет	плева́ть
оно́	плюёт	оно́	плева́ло	оно́	бу́дет	плева́ть
мы	плюём	мы	плева́ли	мы	бу́дем	плева́ть
вы	плюёте	вы	плева́ли	вы	бу́дете	плева́ть
они́	плюю́т	они́	плева́ли	они́	бу́дут	плева́ть

KONJUNKTIV

я	плева́л / плева́ла	бы
ты	плева́л / плева́ла	бы
он	плева́л	бы
она́	плева́ла	бы
оно́	плева́ло	бы
мы	плева́ли	бы
вы	плева́ли	бы
они́	плева́ли	бы

PARTIZIPIEN

AP	**Präsens**	плюя́
P	**Präs. Aktiv**	плю́ющий
P	**Prät. Aktiv**	плева́вший

IMPERATIV

Плюй!
Плю́йте!

PERFEKTIV

плю́нуть

Imperfektives Verb

плыть BEST
schwimmen

INDIKATIV

Präsens		Präteritum		Futur / IMPF		
я	плыву́	я	плыл / плыла́	я	бу́ду	плыть
ты	плывёшь	ты	плыл / плыла́	ты	бу́дешь	плыть
он	плывёт	он	плыл	он	бу́дет	плыть
она́	плывёт	она́	плыла́	она́	бу́дет	плыть
оно́	плывёт	оно́	плы́ло	оно́	бу́дет	плыть
мы	плывём	мы	плы́ли	мы	бу́дем	плыть
вы	плывёте	вы	плы́ли	вы	бу́дете	плыть
они́	плыву́т	они́	плы́ли	они́	бу́дут	плыть

KONJUNKTIV

я	плыл / плыла́	бы
ты	плыл / плыла́	бы
он	плыл	бы
она́	плыла́	бы
оно́	плы́ло	бы
мы	плы́ли	бы
вы	плы́ли	бы
они́	плы́ли	бы

PARTIZIPIEN

AP	**Präsens**	плывя́
P	**Präs. Aktiv**	плыву́щий
P	**Prät. Aktiv**	плы́вший

IMPERATIV

Плыви́!
Плыви́те!

UNBESTIMMT

пла́вать → 132

Imperfektives Verb

плясáть
tanzen

INDIKATIV

Präsens		Präteritum		Futur / IMPF		
я	пляшу́	я	плясáл / плясáла	я	бу́ду	плясáть
ты	пля́шешь	ты	плясáл / плясáла	ты	бу́дешь	плясáть
он	пля́шет	он	плясáл	он	бу́дет	плясáть
онá	пля́шет	онá	плясáла	онá	бу́дет	плясáть
онó	пля́шет	онó	плясáло	онó	бу́дет	плясáть
мы	пля́шем	мы	плясáли	мы	бу́дем	плясáть
вы	пля́шете	вы	плясáли	вы	бу́дете	плясáть
они́	пля́шут	они́	плясáли	они́	бу́дут	плясáть

KONJUNKTIV

я	плясáл / плясáла	бы
ты	плясáл / плясáла	бы
он	плясáл	бы
онá	плясáла	бы
онó	плясáло	бы
мы	плясáли	бы
вы	плясáли	бы
они́	плясáли	бы

PARTIZIPIEN

P	**Präs. Aktiv**	пля́шущий
AP	**Präteritum**	плясáв
P	**Prät. Aktiv**	плясáвший

IMPERATIV

Пляши́!
Пляши́те!

PERFEKTIV

сплясáть

Perfektives Verb

повтори́ть
wiederholen

INDIKATIV

Futur / PF		Präteritum	
я	повторю́	я	повтори́л / повтори́ла
ты	повтори́шь	ты	повтори́л / повтори́ла
он	повтори́т	он	повтори́л
онá	повтори́т	онá	повтори́ла
онó	повтори́т	онó	повтори́ло
мы	повтори́м	мы	повтори́ли
вы	повтори́те	вы	повтори́ли
они́	повторя́т	они́	повтори́ли

KONJUNKTIV

я	повтори́л / повтори́ла	бы
ты	повтори́л / повтори́ла	бы
он	повтори́л	бы
онá	повтори́ла	бы
онó	повтори́ло	бы
мы	повтори́ли	бы
вы	повтори́ли	бы
они́	повтори́ли	бы

PARTIZIPIEN

AP	**Präteritum**	повтори́в
P	**Prät. Aktiv**	повтори́вший
P	**Prät. Passiv**	повторённый
Kurzformen		повторён
		повторенá
		повторенó
		повторены́

IMPERATIV

Повтори́!
Повтори́те!

IMPERFEKTIV

повторя́ть

Perfektives Verb

подня́ть
heben

INDIKATIV

Futur / PF		Präteritum	
я	подниму́	я	подня́л / подняла́
ты	подни́мешь	ты	подня́л / подняла́
он	подни́мет	он	подня́л
она́	подни́мет	она́	подняла́
оно́	подни́мет	оно́	подня́ло
мы	подни́мем	мы	подня́ли
вы	подни́мете	вы	подня́ли
они́	подни́мут	они́	подня́ли

KONJUNKTIV

я	подня́л / подняла́	бы
ты	подня́л / подняла́	бы
он	подня́л	бы
она́	подняла́	бы
оно́	подня́ло	бы
мы	подня́ли	бы
вы	подня́ли	бы
они́	подня́ли	бы

PARTIZIPIEN

AP	**Präteritum**	подня́в
P	**Prät. Aktiv**	подня́вший
P	**Prät. Passiv**	по́днятый
Kurzformen		по́днят
		поднята́
		по́днято
		по́дняты

IMPERATIV

Подними́!
Подними́те!

IMPERFEKTIV

поднима́ть

Imperfektives Verb

по́лзать UNBEST
kriechen

INDIKATIV

Präsens		Präteritum		Futur / IMPF		
я	по́лзаю	я	по́лзал / по́лзала	я	бу́ду	по́лзать
ты	по́лзаешь	ты	по́лзал / по́лзала	ты	бу́дешь	по́лзать
он	по́лзает	он	по́лзал	он	бу́дет	по́лзать
она́	по́лзает	она́	по́лзала	она́	бу́дет	по́лзать
оно́	по́лзает	оно́	по́лзало	оно́	бу́дет	по́лзать
мы	по́лзаем	мы	по́лзали	мы	бу́дем	по́лзать
вы	по́лзаете	вы	по́лзали	вы	бу́дете	по́лзать
они́	по́лзают	они́	по́лзали	они́	бу́дут	по́лзать

KONJUNKTIV

я	по́лзал / по́лзала	бы
ты	по́лзал / по́лзала	бы
он	по́лзал	бы
она́	по́лзала	бы
оно́	по́лзало	бы
мы	по́лзали	бы
вы	по́лзали	бы
они́	по́лзали	бы

PARTIZIPIEN

AP	**Präsens**	по́лзая
P	**Präs. Aktiv**	по́лзающий
P	**Prät. Aktiv**	по́лзавший

IMPERATIV

По́лзай!
По́лзайте!

BESTIMMT

ползти́ → 141

ползти́ BEST
kriechen

INDIKATIV

Präsens

я	ползу́
ты	ползёшь
он	ползёт
она́	ползёт
оно́	ползёт
мы	ползём
вы	ползёте
они́	ползу́т

Präteritum

я	полз / ползла́
ты	полз / ползла́
он	полз
она́	ползла́
оно́	ползло́
мы	ползли́
вы	ползли́
они́	ползли́

Futur / IMPF

я	бу́ду	ползти́
ты	бу́дешь	ползти́
он	бу́дет	ползти́
она́	бу́дет	ползти́
оно́	бу́дет	ползти́
мы	бу́дем	ползти́
вы	бу́дете	ползти́
они́	бу́дут	ползти́

KONJUNKTIV

я	полз / ползла́ бы
ты	полз / ползла́ бы
он	полз бы
она́	ползла́ бы
оно́	ползло́ бы
мы	ползли́ бы
вы	ползли́ бы
они́	ползли́ бы

PARTIZIPIEN

AP	**Präsens**	ползя́
P	**Präs. Aktiv**	ползу́щий
P	**Prät. Aktiv**	по́лзший

IMPERATIV

Ползи́!
Ползи́те!

UNBESTIMMT

по́лзать → **140**

положи́ть
legen

INDIKATIV

Futur / PF

я	положу́
ты	поло́жишь
он	поло́жит
она́	поло́жит
оно́	поло́жит
мы	поло́жим
вы	поло́жите
они́	поло́жат

Präteritum

я	положи́л / положи́ла
ты	положи́л
он	положи́л
она́	положи́ла
оно́	положи́ло
мы	положи́ли
вы	положи́ли
они́	положи́ли

KONJUNKTIV

я	положи́л / положи́ла бы
ты	положи́л / положи́ла бы
он	положи́л бы
она́	положи́ла бы
оно́	положи́ло бы
мы	положи́ли бы
вы	положи́ли бы
они́	положи́ли бы

PARTIZIPIEN

AP	**Präteritum**	положи́в
P	**Prät. Aktiv**	положи́вший
P	**Prät. Passiv**	поло́женный
Kurzformen		поло́жен
		поло́жена
		поло́жено
		поло́жены

IMPERATIV

Положи́!
Положи́те!

IMPERFEKTIV

класть → **85**

Perfektives Verb

получи́ть
bekommen

INDIKATIV

Futur / PF		Präteritum	
я	получу́	я	получи́л / получи́ла
ты	полу́чишь	ты	получи́л / получи́ла
он	полу́чит	он	получи́л
она́	полу́чит	она́	получи́ла
оно́	полу́чит	оно́	получи́ло
мы	полу́чим	мы	получи́ли
вы	полу́чите	вы	получи́ли
они́	полу́чат	они́	получи́ли

KONJUNKTIV

я	получи́л / получи́ла бы
ты	получи́л / получи́ла бы
он	получи́л бы
она́	получи́ла бы
оно́	получи́ло бы
мы	получи́ли бы
вы	получи́ли бы
они́	получи́ли бы

PARTIZIPIEN

AP	**Präteritum**	получи́в
P	**Prät. Aktiv**	получи́вший
P	**Prät. Passiv**	полу́ченный
Kurzformen		полу́чен
		полу́чена
		полу́чено
		полу́чены

IMPERATIV

Получи́!
Получи́те!

IMPERFEKTIV

получа́ть

Imperfektives Verb

по́льзоваться
verwenden

INDIKATIV

Präsens		Präteritum		Futur / IMPF		
я	по́льзуюсь	я	по́льзовался / по́льзовалась	я	бу́ду	по́льзоваться
ты	по́льзуешься	ты	по́льзовался / по́льзовалась	ты	бу́дешь	по́льзоваться
он	по́льзуется	он	по́льзовался	он	бу́дет	по́льзоваться
она́	по́льзуется	она́	по́льзовалась	она́	бу́дет	по́льзоваться
оно́	по́льзуется	оно́	по́льзовалось	оно́	бу́дет	по́льзоваться
мы	по́льзуемся	мы	по́льзовались	мы	бу́дем	по́льзоваться
вы	по́льзуетесь	вы	по́льзовались	вы	бу́дете	по́льзоваться
они́	по́льзуются	они́	по́льзовались	они́	бу́дут	по́льзоваться

KONJUNKTIV

я	по́льзовался / по́льзовалась бы
ты	по́льзовался / по́льзовалась бы
он	по́льзовался бы
она́	по́льзовалась бы
оно́	по́льзовалось бы
мы	по́льзовались бы
вы	по́льзовались бы
они́	по́льзовались бы

PARTIZIPIEN

AP	**Präsens**	по́льзуясь
P	**Präs. Aktiv**	по́льзующийся
P	**Prät. Aktiv**	по́льзовавшийся

IMPERATIV

По́льзуйся!
По́льзуйтесь!

PERFEKTIV

воспо́льзо-ваться

помога́ть

helfen

INDIKATIV

Präsens

я	помога́ю
ты	помога́ешь
он	помога́ет
она́	помога́ет
оно́	помога́ет
мы	помога́ем
вы	помога́ете
они́	помога́ют

Präteritum

я	помога́л / помога́ла
ты	помога́л / помога́ла
он	помога́л
она́	помога́ла
оно́	помога́ло
мы	помога́ли
вы	помога́ли
они́	помога́ли

Futur / IMPF

я	бу́ду	помога́ть
ты	бу́дешь	помога́ть
он	бу́дет	помога́ть
она́	бу́дет	помога́ть
оно́	бу́дет	помога́ть
мы	бу́дем	помога́ть
вы	бу́дете	помога́ть
они́	бу́дут	помога́ть

KONJUNKTIV

я	помога́л / помога́ла	бы
ты	помога́л / помога́ла	бы
он	помога́л	бы
она́	помога́ла	бы
оно́	помога́ло	бы
мы	помога́ли	бы
вы	помога́ли	бы
они́	помога́ли	бы

PARTIZIPIEN

AP	**Präsens**	помога́я
P	**Präs. Aktiv**	помога́ющий
P	**Prät. Aktiv**	помога́вший

IMPERATIV

Помога́й!

Помога́йте!

PERFEKTIV

помо́чь → 146

помо́чь

helfen

INDIKATIV

Futur / PF

я	помогу́
ты	помо́жешь
он	помо́жет
она́	помо́жет
оно́	помо́жет
мы	помо́жем
вы	помо́жете
они́	помо́гут

Präteritum

я	помо́г / помогла́
ты	помо́г / помогла́
он	помо́г
она́	помогла́
оно́	помогло́
мы	помогли́
вы	помогли́
они́	помогли́

KONJUNKTIV

я	помо́г / помогла́	бы
ты	помо́г / помогла́	бы
он	помо́г	бы
она́	помогла́	бы
оно́	помогло́	бы
мы	помогли́	бы
вы	помогли́	бы
они́	помогли́	бы

PARTIZIPIEN

AP	**Präteritum**	помо́гши
P	**Prät. Aktiv**	помо́гший

IMPERATIV

Помоги́!

Помоги́те!

IMPERFEKTIV

помога́ть

→ 145

Perfektives Verb

поня́ть
verstehen

INDIKATIV

Futur / PF		Präteritum	
я	пойму́	я	по́нял / поняла́
ты	поймёшь	ты	по́нял / поняла́
он	поймёт	он	по́нял
она́	поймёт	она́	поняла́
оно́	поймёт	оно́	по́няло
мы	поймём	мы	по́няли
вы	поймёте	вы	по́няли
они́	пойму́т	они́	по́няли

KONJUNKTIV

я по́нял / поняла́ бы
ты по́нял / поняла́ бы
он по́нял бы
она́ поняла́ бы
оно́ по́няло бы
мы по́няли бы
вы по́няли бы
они́ по́няли бы

PARTIZIPIEN

AP Präteritum	поня́в
P Prät. Aktiv	поня́вший
P Prät. Passiv	по́нятый
Kurzformen	по́нят
	понята́
	по́нято
	по́няты

IMPERATIV

Пойми́!
Пойми́те!

IMPERFEKTIV

понима́ть

Perfektives Verb

посвяти́ть
widmen

INDIKATIV

Futur / PF		Präteritum	
я	посвящу́	я	посвяти́л / посвяти́ла
ты	посвяти́шь	ты	посвяти́л / посвяти́ла
он	посвяти́т	он	посвяти́л
она́	посвяти́т	она́	посвяти́ла
оно́	посвяти́т	оно́	посвяти́ло
мы	посвяти́м	мы	посвяти́ли
вы	посвяти́те	вы	посвяти́ли
они́	посвятя́т	они́	посвяти́ли

KONJUNKTIV

я посвяти́л / посвяти́ла бы
ты посвяти́л / посвяти́ла бы
он посвяти́л бы
она́ посвяти́ла бы
оно́ посвяти́ло бы
мы посвяти́ли бы
вы посвяти́ли бы
они́ посвяти́ли бы

PARTIZIPIEN

AP Präteritum	посвяти́в
P Prät. Aktiv	посвяти́вший
P Prät. Passiv	посвящённый
Kurzformen	посвящён
	посвящена́
	посвящено́
	посвящены́

IMPERATIV

Посвяти́!
Посвяти́те!

IMPERFEKTIV

посвяща́ть

Perfektives Verb

послáть
schicken

INDIKATIV

Futur / PF		Präteritum	
я	пошлю́	я	послáл / послáла
ты	пошлёшь	ты	послáл / послáла
он	пошлёт	он	послáл
онá	пошлёт	онá	послáла
онó	пошлёт	онó	послáло
мы	пошлём	мы	послáли
вы	пошлёте	вы	послáли
они́	пошлю́т	они́	послáли

KONJUNKTIV

я	послáл / послáла	бы
ты	послáл / послáла	бы
он	послáл	бы
онá	послáла	бы
онó	послáло	бы
мы	послáли	бы
вы	послáли	бы
они́	послáли	бы

PARTIZIPIEN

AP	**Präteritum**	послáв
P	**Prät. Aktiv**	послáвший
P	**Prät. Passiv**	пóсланный
Kurzformen		пóслан
		пóслана
		пóслано
		пóсланы

IMPERATIV

Пошли́!
Пошли́те!

IMPERFEKTIV

посылáть

Perfektives Verb

преодолéть
überwinden

INDIKATIV

Futur / PF		Präteritum	
я	преодолéю	я	преодолéл / преодолéла
ты	преодолéешь	ты	преодолéл / преодолéла
он	преодолéет	он	преодолéл
онá	преодолéет	онá	преодолéла
онó	преодолéет	онó	преодолéло
мы	преодолéем	мы	преодолéли
вы	преодолéете	вы	преодолéли
они́	преодолéют	они́	преодолéли

KONJUNKTIV

я	преодолéл / преодолéла	бы
ты	преодолéл / преодолéла	бы
он	преодолéл	бы
онá	преодолéла	бы
онó	преодолéло	бы
мы	преодолéли	бы
вы	преодолéли	бы
они́	преодолéли	бы

PARTIZIPIEN

AP	**Präteritum**	преодолéв
P	**Prät. Aktiv**	преодолéвший
P	**Prät. Passiv**	преодолённый
Kurzformen		преодолён
		преодоленá
		преодоленó
		преодолены́

IMPERATIV

Преодолéй!
Преодолéйте!

IMPERFEKTIV

преодолевáть

Perfektives Verb

пригласи́ть

einladen

INDIKATIV

Futur / PF		**Präteritum**	
я	приглашу́	я	пригласи́л / пригласи́ла
ты	пригласи́шь	ты	пригласи́л / пригласи́ла
он	пригласи́т	он	пригласи́л
она́	пригласи́т	она́	пригласи́ла
оно́	пригласи́т	оно́	пригласи́ло
мы	пригласи́м	мы	пригласи́ли
вы	пригласи́те	вы	пригласи́ли
они́	приглася́т	они́	пригласи́ли

KONJUNKTIV

я	пригласи́л / пригласи́ла бы
ты	пригласи́л / пригласи́ла бы
он	пригласи́л бы
она́	пригласи́ла бы
оно́	пригласи́ло бы
мы	пригласи́ли бы
вы	пригласи́ли бы
они́	пригласи́ли бы

PARTIZIPIEN

AP	**Präteritum**	пригласи́в
P	**Prät. Aktiv**	пригласи́вший
P	**Prät. Passiv**	приглашённый
Kurzformen		приглашён
		приглашена́
		приглашено́
		приглашены́

IMPERATIV

Пригласи́!

Пригласи́те!

IMPERFEKTIV

приглаша́ть

Imperfektives Verb

признава́ть

gestehen, anerkennen

INDIKATIV

Präsens		**Präteritum**		**Futur** / IMPF		
я	признаю́	я	признава́л / признава́ла	я	бу́ду	признава́ть
ты	признаёшь	ты	признава́л / признава́ла	ты	бу́дешь	признава́ть
он	признаёт	он	признава́л	он	бу́дет	признава́ть
она́	признаёт	она́	признава́ла	она́	бу́дет	признава́ть
оно́	признаёт	оно́	признава́ло	оно́	бу́дет	признава́ть
мы	признаём	мы	признава́ли	мы	бу́дем	признава́ть
вы	признаёте	вы	признава́ли	вы	бу́дете	признава́ть
они́	признаю́т	они́	признава́ли	они́	бу́дут	признава́ть

KONJUNKTIV

я	признава́л / признава́ла бы
ты	признава́л / признава́ла бы
он	признава́л бы
она́	признава́ла бы
оно́	признава́ло бы
мы	признава́ли бы
вы	признава́ли бы
они́	признава́ли бы

PARTIZIPIEN

AP	**Präsens**	признава́я
P	**Präs. Aktiv**	признаю́щий
P	**Präs. Passiv**	признава́емый
P	**Prät. Aktiv**	признава́вший

IMPERATIV

Признава́й!

Признава́йте!

PERFEKTIV

призна́ть

Perfektives Verb

принять
annehmen

INDIKATIV

Futur / PF		Präteritum	
я	приму́	я	при́нял / приняла́
ты	при́мешь	ты	при́нял / приняла́
он	при́мет	он	при́нял
она́	при́мет	она́	приняла́
оно́	при́мет	оно́	при́няло
мы	при́мем	мы	при́няли
вы	при́мете	вы	при́няли
они́	при́мут	они́	при́няли

KONJUNKTIV

я	при́нял / приняла́	бы
ты	при́нял / приняла́	бы
он	при́нял	бы
она́	приняла́	бы
оно́	при́няло	бы
мы	при́няли	бы
вы	при́няли	бы
они́	при́няли	бы

PARTIZIPIEN

AP	**Präteritum**	приня́в
P	**Prät. Aktiv**	приня́вший
P	**Prät. Passiv**	при́нятый
Kurzformen		при́нят
		принята́
		при́нято
		при́няты

IMPERATIV

Прими́!
Прими́те!

IMPERFEKTIV

принима́ть

Imperfektives Verb

продава́ть
verkaufen

INDIKATIV

Präsens		Präteritum		Futur / IMPF		
я	продаю	я	продава́л / продава́ла	я	бу́ду	продава́ть
ты	продаёшь	ты	продава́л / продава́ла	ты	бу́дешь	продава́ть
он	продаёт	он	продава́л	он	бу́дет	продава́ть
она́	продаёт	она́	продава́ла	она́	бу́дет	продава́ть
оно́	продаёт	оно́	продава́ло	оно́	бу́дет	продава́ть
мы	продаём	мы	продава́ли	мы	бу́дем	продава́ть
вы	продаёте	вы	продава́ли	вы	бу́дете	продава́ть
они́	продаю́т	они́	продава́ли	они́	бу́дут	продава́ть

KONJUNKTIV

я	продава́л / продава́ла	бы
ты	продава́л / продава́ла	бы
он	продава́л	бы
она́	продава́ла	бы
оно́	продава́ло	бы
мы	продава́ли	бы
вы	продава́ли	бы
они́	продава́ли	бы

PARTIZIPIEN

AP	**Präsens**	продава́я
P	**Präs. Aktiv**	продаю́щий
P	**Präs. Passiv**	продава́емый
P	**Prät. Aktiv**	продава́вший

IMPERATIV

Продава́й!
Продава́йте!

PERFEKTIV

прода́ть → 155

Perfektives Verb

продáть
verkaufen

INDIKATIV

Futur / PF		Präteritum	
я	продáм	я	продáл / продалá
ты	продáшь	ты	продáл / продалá
он	продáст	он	продáл
онá	продáст	онá	продалá
онó	продáст	онó	продáло
мы	продадúм	мы	продáли
вы	продадúте	вы	продáли
онú	продадýт	онú	продáли

KONJUNKTIV

я	продáл / продалá	бы
ты	продáл / продалá	бы
он	продáл	бы
онá	продалá	бы
онó	продáло	бы
мы	продáли	бы
вы	продáли	бы
онú	продáли	бы

PARTIZIPIEN

AP	**Präteritum**	продáв
P	**Prät. Aktiv**	продáвший
P	**Prät. Passiv**	прóданный
Kurzformen		прóдан
		прóдано
		проданá
		прóданы

IMPERATIV

Продáй!
Продáйте!

IMPERFEKTIV

продавáть
→ 154

Imperfektives Verb

просúть
bitten

INDIKATIV

Präsens		Präteritum		Futur / IMPF		
я	прошý	я	просúл / просúла	я	бýду	просúть
ты	прóсишь	ты	просúл / просúла	ты	бýдешь	просúть
он	прóсит	он	просúл	он	бýдет	просúть
онá	прóсит	онá	просúла	онá	бýдет	просúть
онó	прóсит	онó	просúло	онó	бýдет	просúть
мы	прóсим	мы	просúли	мы	бýдем	просúть
вы	прóсите	вы	просúли	вы	бýдете	просúть
онú	прóсят	онú	просúли	онú	бýдут	просúть

KONJUNKTIV

я	просúл / просúла	бы
ты	просúл / просúла	бы
он	просúл	бы
онá	просúла	бы
онó	просúло	бы
мы	просúли	бы
вы	просúли	бы
онú	просúли	бы

PARTIZIPIEN

AP	**Präsens**	прося́
P	**Präs. Aktiv**	прося́щий
P	**Prät. Aktiv**	просúвший
P	**Prät. Passiv**	просúмый

IMPERATIV

Просú!
Просúте!

PERFEKTIV

попросúть

разви́ть
entwickeln

INDIKATIV

Futur / PF		Präteritum	
я	разовью́	я	разви́л / развила́
ты	разовьёшь	ты	разви́л / развила́
он	разовьёт	он	разви́л
она́	разовьёт	она́	развила́
оно́	разовьёт	оно́	разви́ло
мы	разовьём	мы	разви́ли
вы	разовьёте	вы	разви́ли
они́	разовью́т	они́	разви́ли

KONJUNKTIV

я	разви́л / развила́	бы
ты	разви́л / развила́	бы
он	разви́л	бы
она́	развила́	бы
оно́	разви́ло	бы
мы	разви́ли	бы
вы	разви́ли	бы
они́	разви́ли	бы

PARTIZIPIEN

AP	Präteritum	разви́в
P	Prät. Aktiv	разви́вший
P	Prät. Passiv	ра́звитый
Kurzformen		ра́звит
		развита́
		ра́звито
		ра́звиты

IMPERATIV

Разве́й!
Разве́йте!

IMPERFEKTIV

развива́ть

расти́
wachsen

INDIKATIV

Präsens		Präteritum		Futur / IMPF		
я	расту́	я	рос / росла́	я	бу́ду	расти́
ты	растёшь	ты	рос / росла́	ты	бу́дешь	расти́
он	растёт	он	рос	он	бу́дет	расти́
она́	растёт	она́	росла́	она́	бу́дет	расти́
оно́	растёт	оно́	росло́	оно́	бу́дет	расти́
мы	растём	мы	росли́	мы	бу́дем	расти́
вы	растёте	вы	росли́	вы	бу́дете	расти́
они́	расту́т	они́	росли́	они́	бу́дут	расти́

KONJUNKTIV

я	рос / росла́	бы
ты	рос / росла́	бы
он	рос	бы
она́	росла́	бы
оно́	росло́	бы
мы	росли́	бы
вы	росли́	бы
они́	росли́	бы

PARTIZIPIEN

P	Präs. Aktiv	расту́щий
AP	Präteritum	ро́сши
P	Prät. Aktiv	ро́сший

IMPERATIV

Расти́!
Расти́те!

PERFEKTIV

вы́расти

Imperfektives Verb

рвать

reißen

INDIKATIV

Präsens		Präteritum		Futur / IMPF		
я	рву	я	рвал / рвала́	я	бу́ду	рвать
ты	рвёшь	ты	рвал / рвала́	ты	бу́дешь	рвать
он	рвёт	он	рвал	он	бу́дет	рвать
она́	рвёт	она́	рвала́	она́	бу́дет	рвать
оно́	рвёт	оно́	рва́ло	оно́	бу́дет	рвать
мы	рвём	мы	рва́ли	мы	бу́дем	рвать
вы	рвёте	вы	рва́ли	вы	бу́дете	рвать
они́	рвут	они́	рва́ли	они́	бу́дут	рвать

KONJUNKTIV

я	рвал / рвала́	бы
ты	рвал / рвала́	бы
он	рвал	бы
она́	рвала́	бы
оно́	рва́ло	бы
мы	рва́ли	бы
вы	рва́ли	бы
они́	рва́ли	бы

PARTIZIPIEN

P	**Präs. Aktiv**	рву́щий
AP	**Präteritum**	рвав
P	**Prät. Aktiv**	рва́вший

IMPERATIV

Рви!
Рви́те!

PERFEKTIV

сорва́ть
разорва́ть
вырва́ть
рвану́ть

Imperfektives Verb

ре́зать

schneiden

INDIKATIV

Präsens		Präteritum		Futur / IMPF		
я	ре́жу	я	ре́зал / ре́зала	я	бу́ду	ре́зать
ты	ре́жешь	ты	ре́зал / ре́зала	ты	бу́дешь	ре́зать
он	ре́жет	он	ре́зал	он	бу́дет	ре́зать
она́	ре́жет	она́	ре́зала	она́	бу́дет	ре́зать
оно́	ре́жет	оно́	ре́зало	оно́	бу́дет	ре́зать
мы	ре́жем	мы	ре́зали	мы	бу́дем	ре́зать
вы	ре́жете	вы	ре́зали	вы	бу́дете	ре́зать
они́	ре́жут	они́	ре́зали	они́	бу́дут	ре́зать

KONJUNKTIV

я	ре́зал / ре́зала	бы
ты	ре́зал / ре́зала	бы
он	ре́зал	бы
она́	ре́зала	бы
оно́	ре́зало	бы
мы	ре́зали	бы
вы	ре́зали	бы
они́	ре́зали	бы

PARTIZIPIEN

P	**Präs. Aktiv**	ре́жущий
AP	**Präteritum**	ре́зав
P	**Prät. Aktiv**	ре́завший
P	**Prät. Passiv**	ре́заный (adj)

IMPERATIV

Режь!
Ре́жьте!

PERFEKTIV

отре́зать
наре́зать
разре́зать

сади́ться
sich setzen

INDIKATIV

Präsens		Präteritum		Futur / IMPF		
я	сажу́сь	я	сади́лся / сади́лась	я	бу́ду	сади́ться
ты	сади́шься	ты	сади́лся / сади́лась	ты	бу́дешь	сади́ться
он	сади́тся	он	сади́лся	он	бу́дет	сади́ться
она́	сади́тся	она́	сади́лась	она́	бу́дет	сади́ться
оно́	сади́тся	оно́	сади́лось	оно́	бу́дет	сади́ться
мы	сади́мся	мы	сади́лись	мы	бу́дем	сади́ться
вы	сади́тесь	вы	сади́лись	вы	бу́дете	сади́ться
они́	садя́тся	они́	сади́лись	они́	бу́дут	сади́ться

KONJUNKTIV

я	сади́лся / сади́лась бы
ты	сади́лся / сади́лась бы
он	сади́лся бы
она́	сади́лась бы
оно́	сади́лось бы
мы	сади́лись бы
вы	сади́лись бы
они́	сади́лись бы

PARTIZIPIEN

AP	**Präsens**	садя́сь
P	**Präs. Aktiv**	садя́щийся
P	**Prät. Aktiv**	сади́вшийся

IMPERATIV

Сади́сь!
Сади́тесь!

PERFEKTIV

сесть → 163

сде́лать
machen, tun

INDIKATIV

Futur / PF		Präteritum	
я	сде́лаю	я	сде́лал / сде́лала
ты	сде́лаешь	ты	сде́лал / сде́лала
он	сде́лает	он	сде́лал
она́	сде́лает	она́	сде́лала
оно́	сде́лает	оно́	сде́лало
мы	сде́лаем	мы	сде́лали
вы	сде́лаете	вы	сде́лали
они́	сде́лают	они́	сде́лали

KONJUNKTIV

я	сде́лал / сде́лала бы
ты	сде́лал / сде́лала бы
он	сде́лал бы
она́	сде́лала бы
оно́	сде́лало бы
мы	сде́лали бы
вы	сде́лали бы
они́	сде́лали бы

PARTIZIPIEN

AP	**Präteritum**	сде́лав
P	**Prät. Aktiv**	сде́лавший
P	**Prät. Passiv**	сде́ланный
Kurzformen		сде́лан
		сде́лана
		сде́лано
		сде́ланы

IMPERATIV

Сде́лайте!

IMPERFEKTIV

де́лать → 52

Perfektives Verb

сесть

sich setzen

INDIKATIV

Futur / PF		Präteritum	
я	сяду	я	сел / сéла
ты	сядешь	ты	сел / сéла
он	сядет	он	сел
онá	сядет	онá	сéла
онó	сядет	онó	сéло
мы	сядем	мы	сéли
вы	сядете	вы	сéли
онú	сядут	онú	сéли

KONJUNKTIV

я	сел / сéла	бы
ты	сел / сéла	бы
он	сел	бы
онá	сéла	бы
онó	сéло	бы
мы	сéли	бы
вы	сéли	бы
онú	сéли	бы

PARTIZIPIEN

AP	Präteritum	сев
P	Prät. Aktiv	сéвший

IMPERATIV

Сядь!
Сядьте!

IMPERFEKTIV

садúться
→ 161

Imperfektives Verb

сидéть

sitzen

INDIKATIV

Präsens		Präteritum		Futur / IMPF		
я	сижý	я	сидéл / сидéла	я	бýду	сидéть
ты	сидúшь	ты	сидéл / сидéла	ты	бýдешь	сидéть
он	сидúт	он	сидéл	он	бýдет	сидéть
онá	сидúт	онá	сидéла	онá	бýдет	сидéть
онó	сидúт	онó	сидéло	онó	бýдет	сидéть
мы	сидúм	мы	сидéли	мы	бýдем	сидéть
вы	сидúте	вы	сидéли	вы	бýдете	сидéть
онú	сидят	онú	сидéли	онú	бýдут	сидéть

KONJUNKTIV

я	сидéл / сидéла	бы
ты	сидéл / сидéла	бы
он	сидéл	бы
онá	сидéла	бы
онó	сидéло	бы
мы	сидéли	бы
вы	сидéли	бы
онú	сидéли	бы

PARTIZIPIEN

AP	Präsens	сúдя
P	Präs. Aktiv	сидящий
AP	Präteritum	сидéв
P	Prät. Aktiv	сидéвший

IMPERATIV

Сидú!
Сидúте!

PERFEKTIV

посидéть

сказáть
sagen

INDIKATIV

Futur / PF		**Präteritum**	
я	скажý	я	сказáл / сказáла
ты	скáжешь	ты	сказáл / сказáла
он	скáжет	он	сказáл
онá	скáжет	онá	сказáла
онó	скáжет	онó	сказáло
мы	скáжем	мы	сказáли
вы	скáжете	вы	сказáли
онѝ	скáжут	онѝ	сказáли

KONJUNKTIV

я	сказáл / сказáла бы
ты	сказáл / сказáла бы
он	сказáл бы
онá	сказáла бы
онó	сказáло бы
мы	сказáли бы
вы	сказáли бы
онѝ	сказáли бы

PARTIZIPIEN

AP	**Präteritum**	сказáв
P	**Prät. Aktiv**	сказáвший
P	**Prät. Passiv**	скáзанный
Kurzformen		скáзан
		скáзана
		скáзано
		скáзаны

IMPERATIV

Скажѝ!
Скажѝте!

IMPERFEKTIV

говорѝть
→ 42

слить
weggießen

INDIKATIV

Futur / PF		**Präteritum**	
я	солью́	я	слил / слилá
ты	сольёшь	ты	слил / слилá
он	сольёт	он	слил
онá	сольёт	онá	слилá
онó	сольёт	онó	слѝло
мы	сольём	мы	слѝли
вы	сольёте	вы	слѝли
онѝ	солью́т	онѝ	слѝли

KONJUNKTIV

я	слил / слилá бы
ты	слил / слилá бы
он	слил бы
онá	слилá бы
онó	слѝло бы
мы	слѝли бы
вы	слѝли бы
онѝ	слѝли бы

PARTIZIPIEN

AP	**Präteritum**	слив
P	**Prät. Aktiv**	слѝвший
P	**Prät. Passiv**	слѝтый
Kurzformen		слит
		слитá
		слѝто
		слѝты

IMPERATIV

Слей!
Слéйте!

IMPERFEKTIV

лить → 106

Imperfektives Verb

слу́шать
zuhören

INDIKATIV

Präsens		Präteritum		Futur / IMPF		
я	слу́шаю	я	слу́шал / слу́шала	я	бу́ду	слу́шать
ты	слу́шаешь	ты	слу́шал / слу́шала	ты	бу́дешь	слу́шать
он	слу́шает	он	слу́шал	он	бу́дет	слу́шать
она́	слу́шает	она́	слу́шала	она́	бу́дет	слу́шать
оно́	слу́шает	оно́	слу́шало	оно́	бу́дет	слу́шать
мы	слу́шаем	мы	слу́шали	мы	бу́дем	слу́шать
вы	слу́шаете	вы	слу́шали	вы	бу́дете	слу́шать
они́	слу́шают	они́	слу́шали	они́	бу́дут	слу́шать

KONJUNKTIV

я	слу́шал / слу́шала	бы
ты	слу́шал / слу́шала	бы
он	слу́шал	бы
она́	слу́шала	бы
оно́	слу́шало	бы
мы	слу́шали	бы
вы	слу́шали	бы
они́	слу́шали	бы

PARTIZIPIEN

AP	**Präsens**	слу́шая
P	**Präs. Aktiv**	слу́шающий
P	**Präs. Passiv**	слу́шаемый
P	**Prät. Aktiv**	слу́шавший
P	**Prät. Passiv**	слу́шанный
Kurzformen		слу́шан
		слу́шана
		слу́шано
		слу́шаны

IMPERATIV

Слу́шай!
Слу́шайте!

PERFEKTIV

послу́шать

Imperfektives Verb

слы́шать
hören

INDIKATIV

Präsens		Präteritum		Futur / IMPF		
я	слы́шу	я	слы́шал / слы́шала	я	бу́ду	слы́шать
ты	слы́шишь	ты	слы́шал / слы́шала	ты	бу́дешь	слы́шать
он	слы́шит	он	слы́шал	он	бу́дет	слы́шать
она́	слы́шит	она́	слы́шала	она́	бу́дет	слы́шать
оно́	слы́шит	оно́	слы́шало	оно́	бу́дет	слы́шать
мы	слы́шим	мы	слы́шали	мы	бу́дем	слы́шать
вы	слы́шите	вы	слы́шали	вы	бу́дете	слы́шать
они́	слы́шат	они́	слы́шали	они́	бу́дут	слы́шать

KONJUNKTIV

я	слы́шал / слы́шала	бы
ты	слы́шал / слы́шала	бы
он	слы́шал	бы
она́	слы́шала	бы
оно́	слы́шало	бы
мы	слы́шали	бы
вы	слы́шали	бы
они́	слы́шали	бы

PARTIZIPIEN

AP	**Präsens**	слы́ша
P	**Präs. Aktiv**	слы́шащий
P	**Präs. Passiv**	слы́шимый
P	**Prät. Aktiv**	слы́шавший

IMPERATIV

—
—

PERFEKTIV

услы́шать

Imperfektives Verb

смея́ться

lachen

INDIKATIV

Präsens		Präteritum		Futur / IMPF		
я	смеюсь	я	смея́лся / смея́лась	я	бу́ду	смея́ться
ты	смеёшься	ты	смея́лся / смея́лась	ты	бу́дешь	смея́ться
он	смеётся	он	смея́лся	он	бу́дет	смея́ться
она́	смеётся	она́	смея́лась	она́	бу́дет	смея́ться
оно́	смеётся	оно́	смея́лось	оно́	бу́дет	смея́ться
мы	смеёмся	мы	смея́лись	мы	бу́дем	смея́ться
вы	смеётесь	вы	смея́лись	вы	бу́дете	смея́ться
они́	смеются	они́	смея́лись	они́	бу́дут	смея́ться

KONJUNKTIV

я смея́лся / смея́лась бы
ты смея́лся / смея́лась бы
он смея́лся бы
она́ смея́лась бы
оно́ смея́лось бы
мы смея́лись бы
вы смея́лись бы
они́ смея́лись бы

PARTIZIPIEN

AP	**Präsens**	смея́сь
P	**Präs. Aktiv**	смеющийся
P	**Prät. Aktiv**	смея́вшийся

IMPERATIV

Сме́йся!
Сме́йтесь!

PERFEKTIV

посмея́ться

Imperfektives Verb

сова́ть

hineinstecken, zustecken

INDIKATIV

Präsens		Präteritum		Futur / IMPF		
я	сую́	я	сова́л / сова́ла	я	бу́ду	сова́ть
ты	суёшь	ты	сова́л / сова́ла	ты	бу́дешь	сова́ть
он	суёт	он	сова́л	он	бу́дет	сова́ть
она́	суёт	она́	сова́ла	она́	бу́дет	сова́ть
оно́	суёт	оно́	сова́ло	оно́	бу́дет	сова́ть
мы	суём	мы	сова́ли	мы	бу́дем	сова́ть
вы	суёте	вы	сова́ли	вы	бу́дете	сова́ть
они́	сую́т	они́	сова́ли	они́	бу́дут	сова́ть

KONJUNKTIV

я сова́л / сова́ла бы
ты сова́л / сова́ла бы
он сова́л бы
она́ сова́ла бы
оно́ сова́ло бы
мы сова́ли бы
вы сова́ли бы
они́ сова́ли бы

PARTIZIPIEN

AP	**Präsens**	суя́
P	**Präs. Aktiv**	сую́щий

IMPERATIV

Су́й!
Су́йте!

PERFEKTIV

су́нуть

Imperfektives Verb

совéтовать

raten, empfehlen

INDIKATIV

Präsens		Präteritum		Futur / IMPF		
я	совéтую	я	совéтовал / совéтовала	я	бýду	совéтовать
ты	совéтуешь	ты	совéтовал / совéтовала	ты	бýдешь	совéтовать
он	совéтует	он	совéтовал	он	бýдет	совéтовать
онá	совéтует	онá	совéтовала	онá	бýдет	совéтовать
онó	совéтует	онó	совéтовало	онó	бýдет	совéтовать
мы	совéтуем	мы	совéтовали	мы	бýдем	совéтовать
вы	совéтуете	вы	совéтовали	вы	бýдете	совéтовать
они́	совéтуют	они́	совéтовали	они́	бýдут	совéтовать

KONJUNKTIV

я	совéтовал / совéтовала	бы
ты	совéтовал / совéтовала	бы
он	совéтовал	бы
онá	совéтовала	бы
онó	совéтовало	бы
мы	совéтовали	бы
вы	совéтовали	бы
они́	совéтовали	бы

PARTIZIPIEN

AP	**Präsens**	совéтуя
P	**Präs. Aktiv**	совéтующий
P	**Prät. Aktiv**	совéтавший

IMPERATIV

Совéтуй!
Совéтуйте!

PERFEKTIV

посовéтовать

Perfektives Verb

согласи́ться

einverstanden sein

INDIKATIV

Futur / PF		Präteritum	
я	соглашýсь	я	согласи́лся / согласи́лась
ты	согласи́шься	ты	согласи́лся / согласи́лась
он	согласи́тся	он	согласи́лся
онá	согласи́тся	онá	согласи́лась
онó	согласи́тся	онó	согласи́лось
мы	согласи́мся	мы	согласи́лись
вы	согласи́тесь	вы	согласи́лись
они́	соглася́тся	они́	согласи́лись

KONJUNKTIV

я	согласи́лся / согласи́лась	бы
ты	согласи́лся / согласи́лась	бы
он	согласи́лся	бы
онá	согласи́лась	бы
онó	согласи́лось	бы
мы	согласи́лись	бы
вы	согласи́лись	бы
они́	согласи́лись	бы

PARTIZIPIEN

AP	**Präteritum**	согласи́вшись
P	**Prät. Aktiv**	согласи́вшийся

IMPERATIV

Согласи́сь!
Согласи́тесь!

IMPERFEKTIV

соглашáться

сообщи́ть
mitteilen

INDIKATIV

Futur / PF		Präteritum	
я	сообщу́	я	сообщи́л / сообщи́ла
ты	сообщи́шь	ты	сообщи́л / сообщи́ла
он	сообщи́т	он	сообщи́л
она́	сообщи́т	она́	сообщи́ла
оно́	сообщи́т	оно́	сообщи́ло
мы	сообщи́м	мы	сообщи́ли
вы	сообщи́те	вы	сообщи́ли
они́	сообща́т	они́	сообщи́ли

KONJUNKTIV

я	сообщи́л / сообщи́ла бы
ты	сообщи́л / сообщи́ла бы
он	сообщи́л бы
она́	сообщи́ла бы
оно́	сообщи́ло бы
мы	сообщи́ли бы
вы	сообщи́ли бы
они́	сообщи́ли бы

PARTIZIPIEN

AP	**Präteritum**	сообщи́в
P	**Prät. Aktiv**	сообщи́вший
P	**Prät. Passiv**	сообщённый
Kurzformen		сообщён
		сообщена́
		сообщено́
		сообщены́

IMPERATIV

Сообщи́!
Сообщи́те!

IMPERFEKTIV

сообща́ть

спать
schlafen

INDIKATIV

Präsens		Präteritum		Futur / IMPF		
я	сплю́	я	спал / спала́	я	бу́ду	спать
ты	спишь	ты	спал / спала́	ты	бу́дешь	спать
он	спит	он	спал	он	бу́дет	спать
она́	спит	она́	спала́	она́	бу́дет	спать
оно́	спит	оно́	спа́ло	оно́	бу́дет	спать
мы	спим	мы	спа́ли	мы	бу́дем	спать
вы	спи́те	вы	спа́ли	вы	бу́дете	спать
они́	спят	они́	спа́ли	они́	бу́дут	спать

KONJUNKTIV

я	спал / спала́ бы
ты	спал / спала́ бы
он	спал бы
она́	спала́ бы
оно́	спа́ло бы
мы	спа́ли бы
вы	спа́ли бы
они́	спа́ли бы

PARTIZIPIEN

P	**Präs. Aktiv**	спя́щий
AP	**Präteritum**	спав
P	**Prät. Aktiv**	спа́вший

IMPERATIV

Спи!
Спи́те!

PERFEKTIV

поспа́ть

Imperfektives Verb

станови́ться

werden

INDIKATIV

Präsens		Präteritum		Futur / IMPF		
я	становлю́сь	я	станови́лся / станови́лась	я	бу́ду	станови́ться
ты	стано́вишься	ты	станови́лся / станови́лась	ты	бу́дешь	станови́ться
он	стано́вится	он	станови́лся	он	бу́дет	станови́ться
она́	стано́вится	она́	станови́лась	она́	бу́дет	станови́ться
оно́	стано́вится	оно́	станови́лось	оно́	бу́дет	станови́ться
мы	стано́вимся	мы	станови́лись	мы	бу́дем	станови́ться
вы	стано́витесь	вы	станови́лись	вы	бу́дете	станови́ться
они́	стано́вятся	они́	станови́лись	они́	бу́дут	станови́ться

KONJUNKTIV

я станови́лся / станови́лась бы
ты станови́лся / станови́лась бы
он станови́лся бы
она́ станови́лась бы
оно́ станови́лось бы
мы станови́лись бы
вы станови́лись бы
они́ станови́лись бы

PARTIZIPIEN

AP	**Präsens**	становя́сь
P	**Präs. Aktiv**	становя́щийся
P	**Prät. Aktiv**	станови́вшийся

IMPERATIV

Станови́сь!
Станови́тесь!

PERFEKTIV

стать → 176

Perfektives Verb

стать

werden

INDIKATIV

Futur / PF		Präteritum	
я	ста́ну	я	стал / ста́ла
ты	ста́нешь	ты	стал / ста́ла
он	ста́нет	он	стал
она́	ста́нет	она́	ста́ла
оно́	ста́нет	оно́	ста́ло
мы	ста́нем	мы	ста́ли
вы	ста́нете	вы	ста́ли
они́	ста́нут	они́	ста́ли

KONJUNKTIV

я стал / ста́ла бы
ты стал / ста́ла бы
он стал бы
она́ ста́ла бы
оно́ ста́ло бы
мы ста́ли бы
вы ста́ли бы
они́ ста́ли бы

PARTIZIPIEN

AP	**Präteritum**	став
P	**Prät. Aktiv**	ста́вший

IMPERATIV

Стань!
Ста́ньте!

IMPERFEKTIV

станови́ться
→ 175

стели́ть
machen *(Bett)*; auflegen *(Tischtuch)*

INDIKATIV

Präsens		Präteritum		Futur / IMPF		
я	стелю́	я	стели́л / стели́ла	я	бу́ду	стели́ть
ты	сте́лешь	ты	стели́л / стели́ла	ты	бу́дешь	стели́ть
он	сте́лет	он	стели́л	он	бу́дет	стели́ть
она́	сте́лет	она́	стели́ла	она́	бу́дет	стели́ть
оно́	сте́лет	оно́	стели́ло	оно́	бу́дет	стели́ть
мы	сте́лем	мы	стели́ли	мы	бу́дем	стели́ть
вы	сте́лите	вы	стели́ли	вы	бу́дете	стели́ть
они́	сте́лют	они́	стели́ли	они́	бу́дут	стели́ть

KONJUNKTIV

я	стели́л / стели́ла	бы
ты	стели́л / стели́ла	бы
он	стели́л	бы
она́	стели́ла	бы
оно́	стели́ло	бы
мы	стели́ли	бы
вы	стели́ли	бы
они́	стели́ли	бы

PARTIZIPIEN

AP	**Präsens**	стеля́
P	**Präs. Aktiv**	сте́лющий
P	**Prät. Aktiv**	стели́вший
P	**Prät. Passiv**	сте́ленный

IMPERATIV

Стели́!
Стели́те!

PERFEKTIV

постели́ть

стере́ть
löschen

INDIKATIV

Futur / PF		Präteritum	
я	сотру́	я	стёр / стёрла
ты	сотрёшь	ты	стёр / стёрла
он	сотрёт	он	стёр
она́	сотрёт	она́	стёрла
оно́	сотрёт	оно́	стёрло
мы	сотрём	мы	стёрли
вы	сотрёте	вы	стёрли
они́	сотру́т	они́	стёрли

KONJUNKTIV

я	стёр / стёрла	бы
ты	стёр / стёрла	бы
он	стёр	бы
она́	стёрла	бы
оно́	стёрло	бы
мы	стёрли	бы
вы	стёрли	бы
они́	стёрли	бы

PARTIZIPIEN

AP	**Präteritum**	стерёв
P	**Prät. Aktiv**	стёрший
P	**Prät. Passiv**	стёртый
Kurzformen		стёрт
		стёрта
		стёрто
		стёрты

IMPERATIV

Сотри́!
Сотри́те!

IMPERFEKTIV

стира́ть → 179

Imperfektives Verb

стира́ть

1. löschen; 2. *(Wäsche)* waschen

INDIKATIV

Präsens		Präteritum		Futur / IMPF		
я	стира́ю	я	стира́л / стира́ла	я	бу́ду	стира́ть
ты	стира́ешь	ты	стира́л / стира́ла	ты	бу́дешь	стира́ть
он	стира́ет	он	стира́л	он	бу́дет	стира́ть
она́	стира́ет	она́	стира́ла	она́	бу́дет	стира́ть
оно́	стира́ет	оно́	стира́ло	оно́	бу́дет	стира́ть
мы	стира́ем	мы	стира́ли	мы	бу́дем	стира́ть
вы	стира́ете	вы	стира́ли	вы	бу́дете	стира́ть
они́	стира́ют	они́	стира́ли	они́	бу́дут	стира́ть

KONJUNKTIV

я стира́л / стира́ла бы
ты стира́л / стира́ла бы
он стира́л бы
она́ стира́ла бы
оно́ стира́ло бы
мы стира́ли бы
вы стира́ли бы
они́ стира́ли бы

PARTIZIPIEN

AP	**Präsens**	стира́я
P	**Präs. Aktiv**	стира́ющий
P	**Präs. Passiv**	стира́емый
P	**Prät. Aktiv**	стира́вший
P	**Prät. Passiv**	сти́раный (adj)

IMPERATIV

Стира́й!
Стира́йте!

PERFEKTIV

1. стере́ть
→ 178
2. вы́стирать

Imperfektives Verb

сто́ить

kosten

INDIKATIV

Präsens		Präteritum		Futur / IMPF		
я	сто́ю	я	сто́ил / сто́ила	я	бу́ду	сто́ить
ты	сто́ишь	ты	сто́ил / сто́ила	ты	бу́дешь	сто́ить
он	сто́ит	он	сто́ил	он	бу́дет	сто́ить
она́	сто́ит	она́	сто́ила	она́	бу́дет	сто́ить
оно́	сто́ит	оно́	сто́ило	оно́	бу́дет	сто́ить
мы	сто́им	мы	сто́или	мы	бу́дем	сто́ить
вы	сто́ите	вы	сто́или	вы	бу́дете	сто́ить
они́	сто́ят	они́	сто́или	они́	бу́дут	сто́ить

KONJUNKTIV

я сто́ил / сто́ила бы
ты сто́ил / сто́ила бы
он сто́ил бы
она́ сто́ила бы
оно́ сто́ило бы
мы сто́или бы
вы сто́или бы
они́ сто́или бы

PARTIZIPIEN

AP	**Präsens**	сто́я
P	**Präs. Aktiv**	сто́ящий
P	**Prät. Aktiv**	сто́ивший

IMPERATIV

—
—

PERFEKTIV

—

стоя́ть
stehen

INDIKATIV

Präsens		Präteritum		Futur / IMPF		
я	стою́	я	стоя́л / стоя́ла	я	бу́ду	стоя́ть
ты	стои́шь	ты	стоя́л / стоя́ла	ты	бу́дешь	стоя́ть
он	стои́т	он	стоя́л	он	бу́дет	стоя́ть
она́	стои́т	она́	стоя́ла	она́	бу́дет	стоя́ть
оно́	стои́т	оно́	стоя́ло	оно́	бу́дет	стоя́ть
мы	стои́м	мы	стоя́ли	мы	бу́дем	стоя́ть
вы	стои́те	вы	стоя́ли	вы	бу́дете	стоя́ть
они́	стоя́т	они́	стоя́ли	они́	бу́дут	стоя́ть

KONJUNKTIV

я	стоя́л / стоя́ла бы
ты	стоя́л / стоя́ла бы
он	стоя́л бы
она́	стоя́ла бы
оно́	стоя́ло бы
мы	стоя́ли бы
вы	стоя́ли бы
они́	стоя́ли бы

PARTIZIPIEN

AP	**Präsens**	сто́я
P	**Präs. Aktiv**	стоя́щий
P	**Prät. Aktiv**	стоя́вший

IMPERATIV

Сто́й!
Сто́йте!

PERFEKTIV

—

стричь
schneiden *(Haare)*

INDIKATIV

Präsens		Präteritum		Futur / IMPF		
я	стригу́	я	стриг / стри́гла	я	бу́ду	стричь
ты	стрижёшь	ты	стриг / стри́гла	ты	бу́дешь	стричь
он	стрижёт	он	стриг	он	бу́дет	стричь
она́	стрижёт	она́	стри́гла	она́	бу́дет	стричь
оно́	стрижёт	оно́	стри́гло	оно́	бу́дет	стричь
мы	стрижём	мы	стри́гли	мы	бу́дем	стричь
вы	стрижёте	вы	стри́гли	вы	бу́дете	стричь
они́	стригу́т	они́	стри́гли	они́	бу́дут	стричь

KONJUNKTIV

я	стриг / стри́гла бы
ты	стриг / стри́гла бы
он	стриг бы
она́	стри́гла бы
оно́	стри́гло бы
мы	стри́гли бы
вы	стри́гли бы
они́	стри́гли бы

PARTIZIPIEN

P	**Präs. Aktiv**	стригу́щий
P	**Prät. Aktiv**	стри́гший
P	**Prät. Passiv**	стри́женый (adj)

IMPERATIV

Стриги́!
Стриги́те!

PERFEKTIV

постри́чь

Imperfektives Verb

счита́ть

1. zählen, rechnen; 2. glauben

INDIKATIV

Präsens		Präteritum		Futur / IMPF		
я	счита́ю	я	счита́л / счита́ла	я	бу́ду	счита́ть
ты	счита́ешь	ты	счита́л / счита́ла	ты	бу́дешь	счита́ть
он	счита́ет	он	счита́л	он	бу́дет	счита́ть
она́	счита́ет	она́	счита́ла	она́	бу́дет	счита́ть
оно́	счита́ет	оно́	счита́ло	оно́	бу́дет	счита́ть
мы	счита́ем	мы	счита́ли	мы	бу́дем	счита́ть
вы	счита́ете	вы	счита́ли	вы	бу́дете	счита́ть
они́	счита́ют	они́	счита́ли	они́	бу́дут	счита́ть

KONJUNKTIV

я	счита́л / счита́ла	бы
ты	счита́л / счита́ла	бы
он	счита́л	бы
она́	счита́ла	бы
оно́	счита́ло	бы
мы	счита́ли	бы
вы	счита́ли	бы
они́	счита́ли	бы

PARTIZIPIEN

AP	**Präsens**	счита́я
P	**Präs. Aktiv**	счита́ющий
P	**Präs. Passiv**	счита́емый
P	**Prät. Aktiv**	счита́вший
P	**Prät. Passiv**	счи́танный

IMPERATIV

Счита́й!
Счита́йте!

PERFEKTIV

1. посчита́ть
сосчита́ть
счесть
2. посчита́ть
счесть

Imperfektives Verb

тере́ть

reiben

INDIKATIV

Präsens		Präteritum		Futur / IMPF		
я	тру	я	тёр / тёрла	я	бу́ду	тере́ть
ты	трёшь	ты	тёр / тёрла	ты	бу́дешь	тере́ть
он	трёт	он	тёр	он	бу́дет	тере́ть
она́	трёт	она́	тёрла	она́	бу́дет	тере́ть
оно́	трёт	оно́	тёрло	оно́	бу́дет	тере́ть
мы	трём	мы	тёрли	мы	бу́дем	тере́ть
вы	трёте	вы	тёрли	вы	бу́дете	тере́ть
они́	трут	они́	тёрли	они́	бу́дут	тере́ть

KONJUNKTIV

я	тёр / тёрла	бы
ты	тёр / тёрла	бы
он	тёр	бы
она́	тёрла	бы
оно́	тёрло	бы
мы	тёрли	бы
вы	тёрли	бы
они́	тёрли	бы

PARTIZIPIEN

P	**Präs. Aktiv**	тру́щий
AP	**Präteritum**	терёв
P	**Prät. Aktiv**	тёрший
P	**Prät. Passiv**	тёртый

IMPERATIV

Три!
Три́те!

PERFEKTIV

потере́ть
натере́ть

теря́ть
verlieren

INDIKATIV

Präsens		Präteritum		Futur / IMPF		
я	теря́ю	я	теря́л / теря́ла	я	бу́ду	теря́ть
ты	теря́ешь	ты	теря́л / теря́ла	ты	бу́дешь	теря́ть
он	теря́ет	он	теря́л	он	бу́дет	теря́ть
она́	теря́ет	она́	теря́ла	она́	бу́дет	теря́ть
оно́	теря́ет	оно́	теря́ло	оно́	бу́дет	теря́ть
мы	теря́ем	мы	теря́ли	мы	бу́дем	теря́ть
вы	теря́ете	вы	теря́ли	вы	бу́дете	теря́ть
они́	теря́ют	они́	теря́ли	они́	бу́дут	теря́ть

KONJUNKTIV

я теря́л / теря́ла бы
ты теря́л / теря́ла бы
он теря́л бы
она́ теря́ла бы
оно́ теря́ло бы
мы теря́ли бы
вы теря́ли бы
они́ теря́ли бы

PARTIZIPIEN

AP	**Präsens**	теря́я
P	**Präs. Aktiv**	теря́ющий
P	**Präs. Passiv**	теря́емый
P	**Prät. Aktiv**	теря́вший

IMPERATIV

Теря́й!
Теря́йте!

PERFEKTIV

потеря́ть

течь
fließen

INDIKATIV

Präsens		Präteritum		Futur / IMPF		
я	теку́	я	тёк / текла́	я	бу́ду	течь
ты	течёшь	ты	тёк / текла́	ты	бу́дешь	течь
он	течёт	он	тёк	он	бу́дет	течь
она́	течёт	она́	текла́	она́	бу́дет	течь
оно́	течёт	оно́	текло́	оно́	бу́дет	течь
мы	течём	мы	текли́	мы	бу́дем	течь
вы	течёте	вы	текли́	вы	бу́дете	течь
они́	теку́т	они́	текли́	они́	бу́дут	течь

KONJUNKTIV

я тёк / текла́ бы
ты тёк / текла́ бы
он тёк бы
она́ текла́ бы
оно́ текло́ бы
мы текли́ бы
вы текли́ бы
они́ текли́ бы

PARTIZIPIEN

AP	**Präsens**	тёкши
P	**Präs. Aktiv**	теку́щий
P	**Prät. Aktiv**	тёкший

IMPERATIV

Теки́!
Теки́те!

PERFEKTIV

потё́чь

Imperfektives Verb

топи́ть

1. heizen; 2. ertränken

INDIKATIV

Präsens		Präteritum		Futur / IMPF		
я	топлю́	я	топи́л / топи́ла	я	бу́ду	топи́ть
ты	то́пишь	ты	топи́л / топи́ла	ты	бу́дешь	топи́ть
он	то́пит	он	топи́л	он	бу́дет	топи́ть
она́	то́пит	она́	топи́ла	она́	бу́дет	топи́ть
оно́	то́пит	оно́	топи́ло	оно́	бу́дет	топи́ть
мы	то́пим	мы	топи́ли	мы	бу́дем	топи́ть
вы	то́пите	вы	топи́ли	вы	бу́дете	топи́ть
они́	то́пят	они́	топи́ли	они́	бу́дут	топи́ть

KONJUNKTIV

я	топи́л / топи́ла	бы
ты	топи́л / топи́ла	бы
он	топи́л	бы
она́	топи́ла	бы
оно́	топи́ло	бы
мы	топи́ли	бы
вы	топи́ли	бы
они́	топи́ли	бы

PARTIZIPIEN

AP	**Präsens**	топя́
P	**Präs. Aktiv**	топя́щий
P	**Präs. Passiv**	топи́мый
AP	**Präteritum**	топи́в
P	**Prät. Aktiv**	топи́вший

IMPERATIV

Топи́!
Топи́те!

PERFEKTIV

1. растопи́ть
натопи́ть
2. утопи́ть

Imperfektives Verb

тормози́ть

bremsen

INDIKATIV

Präsens		Präteritum		Futur / IMPF		
я	торможу́	я	тормози́л / тормози́ла	я	бу́ду	тормози́ть
ты	тормози́шь	ты	тормози́л / тормози́ла	ты	бу́дешь	тормози́ть
он	тормози́т	он	тормози́л	он	бу́дет	тормози́ть
она́	тормози́т	она́	тормози́ла	она́	бу́дет	тормози́ть
оно́	тормози́т	оно́	тормози́ло	оно́	бу́дет	тормози́ть
мы	тормози́м	мы	тормози́ли	мы	бу́дем	тормози́ть
вы	тормози́те	вы	тормози́ли	вы	бу́дете	тормози́ть
они́	тормозя́т	они́	тормози́ли	они́	бу́дут	тормози́ть

KONJUNKTIV

я	тормози́л / тормози́ла	бы
ты	тормози́л / тормози́ла	бы
он	тормози́л	бы
она́	тормози́ла	бы
оно́	тормози́ло	бы
мы	тормози́ли	бы
вы	тормози́ли	бы
они́	тормози́ли	бы

PARTIZIPIEN

AP	**Präsens**	тормозя́
P	**Präs. Aktiv**	тормозя́щий
P	**Prät. Aktiv**	тормози́вший

IMPERATIV

Тормози́!
Тормози́те!

PERFEKTIV

затормози́ть

Imperfektives Verb

торопи́ться
sich beeilen

INDIKATIV

Präsens		Präteritum		Futur / IMPF		
я	тороплю́сь	я	торо́пился / торо́пилась	я	бу́ду	торопи́ться
ты	торо́пишься	ты	торо́пился / торо́пилась	ты	бу́дешь	торопи́ться
он	торо́пится	он	торо́пился	он	бу́дет	торопи́ться
она́	торо́пится	она́	торо́пилась	она́	бу́дет	торопи́ться
оно́	торо́пится	оно́	торо́пилось	оно́	бу́дет	торопи́ться
мы	торо́пимся	мы	торо́пились	мы	бу́дем	торопи́ться
вы	торо́питесь	вы	торо́пились	вы	бу́дете	торопи́ться
они́	торо́пятся	они́	торо́пились	они́	бу́дут	торопи́ться

KONJUNKTIV

я	торо́пился / торо́пилась бы
ты	торо́пился / торо́пилась бы
он	торо́пился бы
она́	торо́пилась бы
оно́	торо́пилось бы
мы	торо́пились бы
вы	торо́пились бы
они́	торо́пились бы

PARTIZIPIEN

AP	Präsens	торопя́сь
P	Präs. Aktiv	торопя́щийся
P	Prät. Aktiv	торопи́вшийся

IMPERATIV

Торопи́!
Торопи́те!

PERFEKTIV

поторопи́ться

Imperfektives Verb

тяну́ть
ziehen

INDIKATIV

Präsens		Präteritum		Futur / IMPF		
я	тяну́	я	тяну́л / тяну́ла	я	бу́ду	тяну́ть
ты	тя́нешь	ты	тяну́л / тяну́ла	ты	бу́дешь	тяну́ть
он	тя́нет	он	тяну́л	он	бу́дет	тяну́ть
она́	тя́нет	она́	тяну́ла	она́	бу́дет	тяну́ть
оно́	тя́нет	оно́	тяну́ло	оно́	бу́дет	тяну́ть
мы	тя́нем	мы	тяну́ли	мы	бу́дем	тяну́ть
вы	тя́нете	вы	тяну́ли	вы	бу́дете	тяну́ть
они́	тя́нут	они́	тяну́ли	они́	бу́дут	тяну́ть

KONJUNKTIV

я	тяну́л / тяну́ла бы
ты	тяну́л / тяну́ла бы
он	тяну́л бы
она́	тяну́ла бы
оно́	тяну́ло бы
мы	тяну́ли бы
вы	тяну́ли бы
они́	тяну́ли бы

PARTIZIPIEN

P	Präs. Aktiv	тя́нущий
AP	Präteritum	тяну́в
P	Prät. Aktiv	тяну́вший

IMPERATIV

Тяни́!
Тяни́те!

PERFEKTIV

потяну́ть
вы́тянуть
растяну́ть

Imperfektives Verb

уважа́ть

ehren, achten

INDIKATIV

Präsens		Präteritum		Futur / IMPF		
я	уважа́ю	я	уважа́л / уважа́ла	я	бу́ду	уважа́ть
ты	уважа́ешь	ты	уважа́л / уважа́ла	ты	бу́дешь	уважа́ть
он	уважа́ет	он	уважа́л	он	бу́дет	уважа́ть
она́	уважа́ет	она́	уважа́ла	она́	бу́дет	уважа́ть
оно́	уважа́ет	оно́	уважа́ло	оно́	бу́дет	уважа́ть
мы	уважа́ем	мы	уважа́ли	мы	бу́дем	уважа́ть
вы	уважа́ете	вы	уважа́ли	вы	бу́дете	уважа́ть
они́	уважа́ют	они́	уважа́ли	они́	бу́дут	уважа́ть

KONJUNKTIV

я уважа́л / уважа́ла бы
ты уважа́л / уважа́ла бы
он уважа́л бы
она́ уважа́ла бы
оно́ уважа́ло бы
мы уважа́ли бы
вы уважа́ли бы
они́ уважа́ли бы

PARTIZIPIEN

AP	**Präsens**	уважа́я
P	**Präs. Aktiv**	уважа́ющий
P	**Präs. Passiv**	уважа́емый
Kurzformen		уважа́ем
		уважа́ема
		уважа́емо
		уважа́емы

IMPERATIV

Уважа́й!
Уважа́йте!

PERFEKTIV

—

Imperfektives Verb

узнава́ть

erfahren; (wieder) erkennen

INDIKATIV

Präsens		Präteritum		Futur / IMPF		
я	узнаю́	я	узнава́л / узнава́ла	я	бу́ду	узнава́ть
ты	узнаёшь	ты	узнава́л / узнава́ла	ты	бу́дешь	узнава́ть
он	узнаёт	он	узнава́л	он	бу́дет	узнава́ть
она́	узнаёт	она́	узнава́ла	она́	бу́дет	узнава́ть
оно́	узнаёт	оно́	узнава́ло	оно́	бу́дет	узнава́ть
мы	узнаём	мы	узнава́ли	мы	бу́дем	узнава́ть
вы	узнаёте	вы	узнава́ли	вы	бу́дете	узнава́ть
они́	узнаю́т	они́	узнава́ли	они́	бу́дут	узнава́ть

KONJUNKTIV

я узнава́л / узнава́ла бы
ты узнава́л / узнава́ла бы
он узнава́л бы
она́ узнава́ла бы
оно́ узнава́ло бы
мы узнава́ли бы
вы узнава́ли бы
они́ узнава́ли бы

PARTIZIPIEN

AP	**Präsens**	узнава́я
P	**Präs. Aktiv**	узнаю́щий
P	**Präs. Passiv**	узнава́емый
P	**Prät. Aktiv**	узнава́вший

IMPERATIV

Узнава́й!
Узнава́йте!

PERFEKTIV

узна́ть → 193

узнáть

erfahren; (wieder) erkennen

INDIKATIV

Futur / PF		**Präteritum**	
я	узнáю	я	узнáл / узнáла
ты	узнáешь	ты	узнáл / узнáла
он	узнáет	он	узнáл
онá	узнáет	онá	узнáла
онó	узнáет	онó	узнáло
мы	узнáем	мы	узнáли
вы	узнáете	вы	узнáли
они́	узнáют	они́	узнáли

KONJUNKTIV

я узнáл / узнáла бы
ты узнáл / узнáла бы
он узнáл бы
онá узнáла бы
онó узнáло бы
мы узнáли бы
вы узнáли бы
они́ узнáли бы

PARTIZIPIEN

AP	**Präteritum**	узнáв
P	**Prät. Aktiv**	узнáвший

IMPERATIV

Узнáй!
Узнáйте!

IMPERFEKTIV

узнавáть
→ 192

умерéть

sterben

INDIKATIV

Futur / PF		**Präteritum**	
я	умрý	я	ýмер / умерлá
ты	умрёшь	ты	ýмер / умерлá
он	умрёт	он	ýмер
онá	умрёт	онá	умерлá
онó	умрёт	онó	ýмерло
мы	умрём	мы	ýмерли
вы	умрёте	вы	ýмерли
они́	умрýт	они́	ýмерли

KONJUNKTIV

я ýмер / умерлá бы
ты ýмер / умерлá бы
он ýмер бы
онá умерлá бы
онó ýмерло бы
мы ýмерли бы
вы ýмерли бы
они́ ýмерли бы

PARTIZIPIEN

AP	**Präteritum**	умерéв
P	**Prät. Aktiv**	умéрший

IMPERATIV

Умри́!
Умри́те!

IMPERFEKTIV

умирáть

Perfektives Verb

упа́сть

fallen

INDIKATIV

Futur / PF		Präteritum	
я	упаду́	я	упа́л / упа́ла
ты	упадёшь	ты	упа́л / упа́ла
он	упадёт	он	упа́л
она́	упадёт	она́	упа́ла
оно́	упадёт	оно́	упа́ло
мы	упадём	мы	упа́ли
вы	упадёте	вы	упа́ли
они́	упаду́т	они́	упа́ли

KONJUNKTIV

я	упа́л / упа́ла бы
ты	упа́л / упа́ла бы
он	упа́л бы
она́	упа́ла бы
оно́	упа́ло бы
мы	упа́ли бы
вы	упа́ли бы
они́	упа́ли бы

PARTIZIPIEN

AP	**Präteritum**	упа́в
P	**Prät. Aktiv**	упа́вший

IMPERATIV

Упади́!

Упади́те!

IMPERFEKTIV

па́дать

Perfektives Verb

успе́ть

rechtzeitig kommen

INDIKATIV

Futur / PF		Präteritum	
я	успе́ю	я	успе́л / успе́ла
ты	успе́ешь	ты	успе́л / успе́ла
он	успе́ет	он	успе́л
она́	успе́ет	она́	успе́ла
оно́	успе́ет	оно́	успе́ло
мы	успе́ем	мы	успе́ли
вы	успе́ете	вы	успе́ли
они́	успе́ют	они́	успе́ли

KONJUNKTIV

я	успе́л / успе́ла бы
ты	успе́л / успе́ла бы
он	успе́л бы
она́	успе́ла бы
оно́	успе́ло бы
мы	успе́ли бы
вы	успе́ли бы
они́	успе́ли бы

PARTIZIPIEN

AP	**Präteritum**	успе́в
P	**Prät. Aktiv**	успе́вший

IMPERATIV

Успе́й!

Успе́йте!

IMPERFEKTIV

успева́ть

уставáть
müde werden

INDIKATIV

Präsens		Präteritum		Futur / IMPF		
я	устаю́	я	уставáл / уставáла	я	бу́ду	уставáть
ты	устаёшь	ты	уставáл / уставáла	ты	бу́дешь	уставáть
он	устаёт	он	уставáл	он	бу́дет	уставáть
онá	устаёт	онá	уставáла	онá	бу́дет	уставáть
онó	устаёт	онó	уставáло	онó	бу́дет	уставáть
мы	устаём	мы	уставáли	мы	бу́дем	уставáть
вы	устаёте	вы	уставáли	вы	бу́дете	уставáть
они́	устаю́т	они́	уставáли	они́	бу́дут	уставáть

KONJUNKTIV

я	уставáл / уставáла бы
ты	уставáл / уставáла бы
он	уставáл бы
онá	уставáла бы
онó	уставáло бы
мы	уставáли бы
вы	уставáли бы
они́	уставáли бы

PARTIZIPIEN

AP	**Präsens**	уставáя
P	**Präs. Aktiv**	устающий
P	**Prät. Aktiv**	уставáвший

IMPERATIV

Уставáй!
Уставáйте!

PERFEKTИV

устáть

ходи́ть UNBEST
gehen

INDIKATIV

Präsens		Präteritum		Futur / IMPF		
я	хожу́	я	ходи́л / ходи́ла	я	бу́ду	ходи́ть
ты	хóдишь	ты	ходи́л / ходи́ла	ты	бу́дешь	ходи́ть
он	хóдит	он	ходи́л	он	бу́дет	ходи́ть
онá	хóдит	онá	ходи́ла	онá	бу́дет	ходи́ть
онó	хóдит	онó	ходи́ло	онó	бу́дет	ходи́ть
мы	хóдим	мы	ходи́ли	мы	бу́дем	ходи́ть
вы	хóдите	вы	ходи́ли	вы	бу́дете	ходи́ть
они́	хóдят	они́	ходи́ли	они́	бу́дут	ходи́ть

KONJUNKTIV

я	ходи́л / ходи́ла бы
ты	ходи́л / ходи́ла бы
он	ходи́л бы
онá	ходи́ла бы
онó	ходи́ло бы
мы	ходи́ли бы
вы	ходи́ли бы
они́	ходи́ли бы

PARTIZIPIEN

AP	**Präsens**	ходя́
P	**Präs. Aktiv**	ходя́щий
AP	**Präteritum**	ходи́в
P	**Prät. Aktiv**	ходи́вший

IMPERATIV

Ходи́!
Ходи́те!

BESTIMMT

идти́ → 78

Imperfektives Verb

хоте́ть

wollen

INDIKATIV

Präsens		Präteritum		Futur / IMPF		
я	хочу́	я	хоте́л / хоте́ла	я	бу́ду	хоте́ть
ты	хо́чешь	ты	хоте́л / хоте́ла	ты	бу́дешь	хоте́ть
он	хо́чет	он	хоте́л	он	бу́дет	хоте́ть
она́	хо́чет	она́	хоте́ла	она́	бу́дет	хоте́ть
оно́	хо́чет	оно́	хоте́ло	оно́	бу́дет	хоте́ть
мы	хоти́м	мы	хоте́ли	мы	бу́дем	хоте́ть
вы	хоти́те	вы	хоте́ли	вы	бу́дете	хоте́ть
они́	хотя́т	они́	хоте́ли	они́	бу́дут	хоте́ть

KONJUNKTIV

я	хоте́л / хоте́ла бы
ты	хоте́л / хоте́ла бы
он	хоте́л бы
она́	хоте́ла бы
оно́	хоте́ло бы
мы	хоте́ли бы
вы	хоте́ли бы
они́	хоте́ли бы

PARTIZIPIEN

P	**Präs. Aktiv**	хотя́щий
AP	**Präteritum**	хоте́в
P	**Prät. Aktiv**	хоте́вший

IMPERATIV

Хоти́!
Хоти́те!

PERFEKTIV

захоте́ть

Imperfektives Verb

чу́вствовать

fühlen

INDIKATIV

Präsens		Präteritum		Futur / IMPF		
я	чу́вствую	я	чу́вствовал / чу́вствовала	я	бу́ду	чу́вствовать
ты	чу́вствуешь	ты	чу́вствовал / чу́вствовала	ты	бу́дешь	чу́вствовать
он	чу́вствует	он	чу́вствовал	он	бу́дет	чу́вствовать
она́	чу́вствует	она́	чу́вствовала	она́	бу́дет	чу́вствовать
оно́	чу́вствует	оно́	чу́вствовало	оно́	бу́дет	чу́вствовать
мы	чу́вствуем	мы	чу́вствовали	мы	бу́дем	чу́вствовать
вы	чу́вствуете	вы	чу́вствовали	вы	бу́дете	чу́вствовать
они́	чу́вствуют	они́	чу́вствовали	они́	бу́дут	чу́вствовать

KONJUNKTIV

я	чу́вствовал / чу́вствовала бы
ты	чу́вствовал / чу́вствовала бы
он	чу́вствовал бы
она́	чу́вствовала бы
оно́	чу́вствовало бы
мы	чу́вствовали бы
вы	чу́вствовали бы
они́	чу́вствовали бы

PARTIZIPIEN

AP	**Präsens**	чу́вствуя
P	**Präs. Aktiv**	чу́вствующий
P	**Prät. Aktiv**	чу́вствовавший

IMPERATIV

Чу́вствуй!
Чу́вствуйте!

PERFEKTIV

почу́вствовать

Alphabetische Verbliste

Bei einigen Verben, die dem deutschen Benutzer erfahrungsgemäß Schwierigkeiten bereiten, ist in kursiver Schrift angegeben, wie das Substantiv anzuschließen ist, d. h. mit oder ohne Präposition und in welchem Kasus (sog. Rektion).

Б

1. бе́гать 11
2. бежа́ть 11
3. бере́чь 12
4. бить 12
5. благодари́ть *кого́-либо* 13
6. блесте́ть 13
7. боле́ть 14
8. боро́ться 14
9. боя́ться *кого́-либо* 15
10. брать 15
11. брести́ 16
12. бри́ться 16
13. броди́ть 17
14. буди́ть 17
15. быть 18

В

16. вари́ть 18
17. везти́ 19
18. вести́ 19
19. верну́ться 20
20. взять 20
21. ви́деть 21
22. висе́ть 21
23. включи́ть 22
24. влечь 22
25. води́ть 23
26. вози́ть 23
27. войти́ 24
28. вспо́мнить *о ко́м-либо/чём-либо* 24
29. встава́ть 25
30. встать 25
31. встре́тить 26
32. входи́ть 26
33. вы́брать 27
34. вы́ключить 27
35. вы́разить 28

Г

36. гла́дить 28
37. глуши́ть 29
38. гляде́ть *на кого́-либо/что́-либо* 29
39. гнать 30
40. гнить 30
41. гнуть 31
42. говори́ть 31
43. гоня́ть 32
44. горди́ться *ке́м-либо/че́м-либо* 32
45. горе́ть 33
46. гото́вить 33
47. грози́ть 34
48. гуля́ть 34

Д

49. дава́ть 35
50. дать 35
51. дева́ть 36
52. де́лать 36
53. дели́ть 37
54. держа́ть 37
55. деть 38
56. договори́ться 38
57. дра́ться 39
58. дуть 39
59. дыша́ть 40

Е

60. е́здить 40
61. есть 41
62. е́хать 41

Ж

63. жале́ть 42
64. жа́ловаться *на кого́-либо/что́-либо* 42
65. жа́рить 43
66. ждать 43
67. жева́ть 44
68. жить 44

З

69. забы́ть 45
70. зави́сеть 45
71. заказа́ть 46
72. закры́ть 46
73. защити́ть 47
74. звать 47
75. звони́ть *кому́-либо* 48
76. знать 48

И

77. игра́ть 49
78. идти́ 49
79. интересова́ться *ке́м-либо/че́м-либо* 50
80. иска́ть 50
81. исче́знуть 51

К

82. кати́ть 51
83. кипе́ть 52
84. кипяти́ть 52
85. класть 53
86. клева́ть 53
87. кова́ть 54
88. коло́ть 54
89. ко́нчить 55
90. копа́ть 55
91. копи́ть 56
92. красть 56
93. крича́ть 57
94. купи́ть 57
95. кури́ть 58
96. куса́ть 58

Л

97. ла́зить 59
98. лгать 59
99. лежа́ть 60
100. лезть 60
101. лени́ться 61
102. лета́ть 61
103. лете́ть 62
104. лечи́ть 62
105. лечь 63
106. лить 63
107. ложи́ться 64
108. люби́ть 64

М

109. ма́зать 65
110. маха́ть 65
111. меня́ть *что́-либо на что́-либо* . . . 66
112. мести́ 66
113. молча́ть 67
114. мочь 67
115. мыть 68

Н

116. наде́яться *на кого́-либо/что́-либо* . 68
117. найти́ 69
118. находи́ть 69
119. нача́ть 70
120. нести́ 70
121. носи́ть 71

О

122. обману́ть 71
123. ора́ть 72
124. отдохну́ть 72
125. откры́ть 73

П

126. па́хнуть *че́м-либо* 73
127. петь 74
128. печь 74
129. пи́сать 75
130. писа́ть 75
131. пить 76
132. пла́вать 76
133. пла́кать 77
134. плати́ть 77
135. плева́ть 78
136. плыть 78
137. пляса́ть 79
138. повтори́ть 79
139. подня́ть 80
140. по́лзать 80
141. ползти́ 81
142. положи́ть 81
143. получи́ть 82
144. по́льзоваться *че́м-либо* 82
145. помога́ть 83
146. помо́чь 83
147. поня́ть 84
148. посвяти́ть 84
149. посла́ть 85
150. преодоле́ть 85
151. пригласи́ть 86
152. признава́ть 86
153. приня́ть 87
154. продава́ть 87
155. прода́ть 88
156. проси́ть 88

Р

157. разви́ть 89
158. расти́ 89
159. рвать 90
160. ре́зать 90

С

161. сади́ться 91
162. сде́лать 91
163. сесть 92
164. сиде́ть 92
165. сказа́ть 93
166. слить 93
167. слу́шать 94
168. слы́шать 94
169. смея́ться над *ке́м-либо/че́м-либо* 95
170. сова́ть 95
171. сове́товать 96
172. согласи́ться 96
173. сообщи́ть *о чём-либо* . . . 97
174. спать 97
175. станови́ться *ке́м-либо* 98
176. стать *ке́м-либо* 98
177. стели́ть 99
178. стере́ть 99
179. стира́ть 100
180. сто́ить 100
181. стоя́ть 101
182. стричь 101
183. счита́ть 102

Т

184. тере́ть 102
185. теря́ть 103
186. течь 103
187. топи́ть 104
188. тормози́ть 104
189. торопи́ться 105
190. тяну́ть 105

У

191. уважа́ть 106
192. узнава́ть 106
193. узна́ть 107
194. умере́ть 107
195. упа́сть 108
196. успе́ть 108
197. устава́ть 109

Х

198. ходи́ть 109
199. хоте́ть 110

Ч

200. чу́вствовать 110